一個人的朝聖之路

Buen Camino~!

28天徒步慢遊西班牙

羅瓊雅　著

2013 年 5 月，我前往西班牙北部的潘普洛納開始一個人的朝聖之路，徒步數百公里，最後抵達加利西亞自治區的首府聖地牙哥德孔波斯特拉。

這一路上相當辛苦，每天要背著 10 來公斤的行囊，又要徒步 20 至 30 公里，有時甚至將近 40 公里，走到雙腳痠痛無比，卻毫不退卻，自己也不知到底是哪來的衝動？哪來的勇氣？就這樣一個人走上長征的道路。

憑藉著不知從何而來的意志與運氣，我很幸運地完成了這個壯舉。在這條路上，有許多美好的遇見，還有無數難以言喻的感動，於是，我開始著手記錄朝聖之路的點點滴滴。

寫作的過程中，或因為懶散、或因為遲疑、或因為……，總之，斷斷續續地寫著，很難呈現完整的樣貌，不過總算把路途

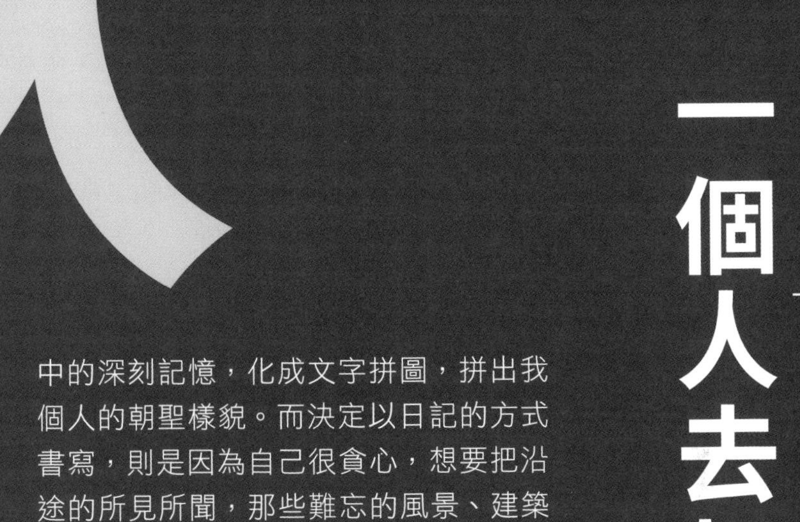

一個人去朝聖

¡Buen Camino~!

中的深刻記憶，化成文字拼圖，拼出我個人的朝聖樣貌。而決定以日記的方式書寫，則是因為自己很貪心，想要把沿途的所見所聞，那些難忘的風景、建築和人文，尤其是最為抽象、卻實際存在的不可思議緣份，忠實的表述出來。

現在，就請隨著我的文字和照片，和我走一趟朝聖之路吧！

¡Buen Camino~! 一個人去朝聖

倒數中……

正式踏上朝聖之路……

倒數中……

倒數

人生的意外

我認為，人生最有趣的風景往往發生在意料之外。

我是一個非常喜愛旅行的人，不過，我從來只喜歡自在悠閒，甚至帶點物質享受的自助旅行，自己規劃行程、找機票、找旅伴、訂交通和旅館，在蒐集旅行資訊的這些過程中，不只得到許多的樂趣，而且在旅行結束之後，可以深刻地記憶著曾經走過的地方。

旅行時，我會選擇一間乾淨清爽的旅店，有著獨立的衛浴，最好能附帶早餐，當悠哉地吃完早餐之後，再出門去散步、遊覽。慢慢地、細細地品味當地生活的美學，對我來說，這是旅行中的驚喜發現，也是療癒疲憊身心的絕佳良藥。可是要我捨去些許物質享受，和悠哉慢行的旅行品質，當一個背負行囊的刻苦背包客，住進沒有獨立衛浴、陌生人雜處的青年旅館，在過去絕對不可能發生。

卻又怎能料到，竟然有一天，這樣的堅持會被自己徹底地顛覆，甚至去當一個比背包客更為刻苦的朝聖者（peregrino）。最後會萌生走朝聖之路這個念頭，完全是個意外的決定。

朝聖之路，就是去西班牙的聖地牙哥朝聖雅各的道路。聖地牙哥德孔波斯特拉（Santiago de Compostela，意思是繁星原野的聖雅各）傳說是十二使徒之一聖雅各的埋葬之地，天主教的聖地之一，也是西班牙加利西亞（Galicia）自治區的首府。自祂的遺骸被發現埋葬之後，上千年來，天主教徒每年從各地朝聖而來，或徒步、或騎馬騎驢，走過數百公里以上，只為抵達聖地牙哥德孔波斯特拉的大教堂向聖雅各致敬。（教徒們

深信的聖雅各遺骨，就埋藏在大教堂底下，所以象徵聖雅各的扇貝，成為朝聖之路上的標誌，每位朝聖者都會在身上帶著貝殼前進）

前往聖地牙哥德孔波斯特拉的朝聖之路不只一條，主要有沿著西班牙北邊海岸線的北方之路，從安達魯西亞北上的銀之路，從葡萄牙往北至聖地牙哥德孔波斯特拉的葡萄牙之路，以及從法國的聖祥庇德波特（St.Jean Pied de Port）出發越過庇里牛斯山的法蘭西之路（Camino Frances）。法蘭西之路是最為熱門的朝聖路線，另外，還有十幾條從西班牙和法國各地連接到這些主要朝聖道路的支線，廣義的朝聖之路其實那些是眾多前往聖地牙哥的道路。

我這次走的是法蘭西之路，全程將近八百公里，位於西班牙境內的路段是在1993年被聯合國教科文組織登錄為世界文化遺產，而法國境內幾條連接法蘭西之路的朝聖道路，隨後也在1998年被登錄，是全世界唯三以道路登錄的世界文化遺產（另外二條是日本紀伊山地的靈場和參拜道，以及2014年剛被登錄的絲綢之路）。

這條法蘭西之路是所有朝聖之路中提供最多設施的道路，沿途各站都有庇護所、餐館、商店或雜貨店，提供給朝聖者住宿、食物、飲水等需求和補給，因為有相對完善的設施，讓朝聖者們前仆後繼而來，絡繹於途，比起其他幾條路線，法蘭西之路相當受到朝聖者的青睞。

Albergue 庇護所

朝聖者住宿的地方，提供床位和衛浴，有些還有提供廚房或熱食，床位無法預約，採取先抵達者先登記的原則，床位住滿就不再收人。庇護所的設立主要分公立庇護所（Albergue Municipal，在 Galicia 自治區則稱 Xunta）、教區教會的庇護所（Albergue Parroquial）和私立庇護所（Albergue Privado），大部份公立或教區的庇護所，都是下午二點左右才開放登記入住，晚上十點是所有庇護所的門禁、休息時間，準時關門、關燈，早上八點前都必須離開，所有朝聖者必須遵守。

這條路會經過曾經是巴斯克王國中心的納瓦拉（Navarra）自治區、葡萄酒之鄉的拉里歐哈（La Rioja）自治區，然後來到卡斯提亞萊昂（Castilla y Leon）自治區的梅塞塔（Meseta，意指高原地形），橫越約兩百公里長的麥田，最後進入多山、多霧、多雨的加利西亞（Galicia）自治區，最終抵達目的地聖地牙哥德孔波斯特拉（Santiago de Compostela），沿途的景觀、建築、風俗民情各異其趣，卻又莫名的和諧，奇妙地組成西班牙的多元豐富面貌。

其實，對我這個既不是個懷抱虔誠信仰的教徒，也不是一個登山健行的愛好者，甚至是個不當背包客的自助旅行者，有著三不條件的人來說，必須背著超過十公斤的行囊，徒步數百公里的苦行，怎麼說都不可能發生才對，但它卻很戲劇性的發生了。有趣的是，在下這個決定之前，才剛剛拒絕一個朋友找我去朝聖的邀約。

為何會突然改變原本堅持的想法，做出如此巨大的決定，我想，或許是而立之年後的中年失落，過去曾經讓自己廢寢忘食、全心全意投入的工作職場，突然間變得索然無味，似乎人生走到了茫然的十字路口，但省視自己理想和信念明明都還在，可就是少了點熱情和動力，原因是什麼，也找不到答案，才會出現去朝聖這個意外。

許多走過朝聖之路的人都這樣描述著：西班牙的聖地牙哥之路，是一條充滿能量的星光之路。我想應該是吧，千百年來有千百萬人踏上這條道路，面對充滿未知的旅程，有人是為信仰而走，有人為尋找自我而走，有人則是為了運動健行而走。而我是為什麼而走，開始並沒有很清楚的目的，就只是一個念頭的轉變，因為想去於是就去了，因為這個衝動，我也成為千年來完成朝聖之路的其中一人。

獨自一個人走上朝聖之路，自東向西，橫跨西班牙的北部，雖然最終沒走完全程，為何沒走完，日記裡頭我有交代。不過，徒步六百多公里的經驗，成功完成體能與意志的最大挑戰，已經在我生命中留下清楚的印記，所餘下的兩百公里遺憾，未來有機會我會再去嘗試。

走完朝聖之路後，有許多朋友問我，對人生的未來有何啟發或影響。說實在，祂並沒有給我什麼瞬間的頓悟或靈感，但是我知道有些東西不一樣了，在這條既艱辛卻愉悅的道路上，每天沉浸在大自然的撫慰和療癒下，那些坑坑洞洞的心靈瘡疤得到充分的修復。就這樣，透過日復一日的走路，不斷地接受挑戰與突破，體驗施與受、分與合的隨緣隨喜，逐漸安定了自我懷疑和否定的心，學會了如何放下與釋然。

如今，我已經回來許久，那些曾提議去朝聖的朋友們，卻一個都沒有成行。回想起來，從朋友們一而再、再而三的邀約，以及決定去朝聖之後旅費和裝備等問題獲得解決，尤其在朝聖之路上，自己親身經歷的一些奇妙事件，隱然中似乎真有條命運之線，牽引著我走上這條道路，或許這是上天的應許，應許我該走上這一趟，去解開那些身心的桎梏與包袱。

曾經在一望無際的麥田中，或在看似無止盡的森林中，獨自行走許久，前後無人，只能和天空、樹木、花鳥對話，我卻能怡然而自得。一路上，享受著意志力的考驗，享受著體能到達極限的痛苦，更享受著路途中一切的美景和美食，及每天遇見的那些陌生卻美好的同伴，於是，走路成為一種樂趣，孤單成為最大的享受，試想人生能有幾回如此之樂，而若沒有親自走上一遭，你無從得知這條路上的真正面貌。

能否走完全程？路況如何？會不會迷路？甚至是安全的相關問題，都是我尚未出發前的擔憂，但卻都在第一天住進庇護所，走上朝聖之路的那一刻起，完全不再有疑慮，是一種莫名的安心，應該就像是聖嚴法師所說：面對它、接受它、處理它、放下它，既然來了就勇敢面對，適得其所、安然自在是我當下的心情寫照。

我感覺這一條路，像是一個面對自我的練習所，甚至可以這麼說，祂是一條人之路，是一條具有靈魂的道路，每個朝聖者的感受和經歷或許不盡相同，但是這條路一定會讓每個人訴說自己的故事。

★朝聖之路詳細資料，參：www.caminodesantiago.consumer.es

朝聖前夕
巧遇聖雅各先生

2013.4.30 ZARAGOZA

我的朝聖背包與簡單行囊

出發之前，我跟朋友們說要去走朝聖之路，大家的問題都是：「朝聖之路在哪裡？」「你為什麼去走路？」「你不是天主教徒為什麼要去朝聖？」，對於這些問題，我沒有明確的答案，只能回答：「沒有理由，就是想去走走而已」，大家覺得不可思議，用狐疑、佩服的眼神看著我。

我想，一切只能說是因緣，若是2007年我沒有到西班牙念語言學校，就不會透過同學認識這條路，畢竟在台灣這是少為人知的道路。怎知經過多年之後，這條路會再度被提起，甚至最後還成行，或許當年時機未到，上天只是先種下一顆種子，靜靜等待著此次的萌生。

我的朝聖之路不是從起點聖祥庇德波特（St.Jean Pied de Port，簡稱SJPP）出發，而是選擇略過庇里牛斯山，從奔牛節的城市潘普洛納（Pamplona）開始走，所以跟多數的朝聖者不一樣，他們的路線大致是從法國這邊進去，再轉車至聖祥庇德波特，我是飛至西班牙的馬德里，再從馬德里前往潘普洛納。

馬德里巴拉哈斯機場（Barajas Aeropuerto）沒有直達潘普洛納的巴士或火車，必須進市區轉車搭乘，而且距離相當遙遠，經過將近二十小時的漫長飛行與轉機後，我不認為自己可以再長途跋涉，而且也不想抵達西班牙的第一天，因為沒有得到適度休息，結果還沒開始走就把自己累垮。機場正好有直達的長途巴士開往薩拉戈薩（Zaragoza），考慮前往位在阿拉貢（Aragon）自治區中心的首府薩拉戈薩，不僅是因為有巴士直達，另外它位在馬德里和潘普洛納中間，把薩拉戈薩當作轉乘的中途休息站，似乎是最好的選擇。

上了車之後，欣賞著窗外的風景，車子往北走，初時佈滿石礫的黃色土地，灌木樹叢林立，不過越往北的景色逐漸不同，綠色的植被開始有明顯差異。接近晚上八點，掛在西邊的落日，陽光還是相當刺眼，此時東邊山頂上空竟出現一道明亮的彩虹，宛如掛在山丘上的巨大彩色拱門，讓人有種觸手可及的錯覺，如此罕見的美景，我把它當做是此行開始的吉兆。

太陽西沈後的瞬間，四周頓時一片漆黑，車上的電視螢幕顯示著行進的速度和方位，四個多小時的車程，如今才走二分之一左右，只好勉強自己休息一下，但在狹窄的位子上實在無法睡得安穩，昏昏沈沈地也不知過了多久，突然驚醒，看著前面車燈照射之處，原來外頭已經下起大雨，天色更加暗沈，仿若沈浸在伸不見手的墨汁裡，除了搭載著這群安靜的旅者或返鄉者的巴士車燈外，只有偶而劃破天際的閃電帶來一絲光亮。

這趟旅程考慮到每天必須長時間、長距離徒步前進，所以為了減輕背包的重量，除了必要的物資和一份簡單的朝聖之路路線圖外，連基本的旅遊簡介都捨棄了。午夜時分，當車子抵達薩拉戈薩，走出為了世界博覽會而新建的中央車站時，我在車站外有如瞎子摸象般，首次體驗在異鄉毫無具體空間概念的茫然，只能靠著絕佳的冒險精神，在溼冷寂寥的深夜中，拖著疲累的身軀，搭著計程車衝過雨幕，向溫暖的旅館前進。

在薩拉戈薩住了兩晚，這個城市在2008年舉辦過世界博覽會，以水為主題的水公園位在埃布羅河旁（Río Ebro），所有場館和建築在博覽會結束後，經過活化再利用，現在這個幅員廣闊的公園，已經成為居民們的重要休憩場所，是一個將創意、永續和人文充分結合的空間，真正寓教於樂，將珍惜水資源的價值持續在市民生活中內化與深化，是非常值得一看的城市。

和西班牙其他城市以大教堂為中心不同，薩拉戈薩是以巴洛克風格的皮拉聖母堂（Bailica del Pilar）為中心，這裡也是西班牙聖母瑪麗亞的信仰中心，相傳使徒聖雅各就在這裡看到聖母瑪麗亞從大理石柱降臨下來，於是依著這根石柱建造了禮拜堂，成為聖母堂的最早建築雛型。還真是個巧妙的安排，讓我走上朝聖之路之前，就先在這裡和聖雅各先生相遇了，既然無意得知這個傳說，當然要在皮拉聖母堂祈禱，祈願聖雅各先生做個順水人情，庇佑我一路平安。

位在埃布羅河（Río Ebro）河畔的皮拉聖母堂（Bailica del Pilar），是西班牙聖母瑪麗亞的信仰中心。

皮拉聖母堂（Bailica del Pilar）

在薩拉戈薩休息兩天之後，準備前往潘普洛納，開始我的朝聖之路。潘普洛納是納瓦拉（Navarra）自治區的首府，這裡在每年七月舉辦的奔牛節，因為作家海明威在小說裡描述了節日的盛況而聞名於世。在薩拉戈薩停留的這兩天，讓身體獲得充分的休息，也順便調整一下時差，畢竟接下來每天要行走二十至三十公里的路程，一切以保守、保健為要，不冒進、勿逞強是我途中始終奉行的圭臬。

不從起點聖祥庇德波特（St.Jean Pied de Port，SJPP）出發，就是考量自己的體能狀況，平常沒有運動的習慣，出發前也沒有做過負重練習，也沒有長程練走，第一天若從SJPP出發越過庇里牛斯山，對我來說，是有點勉強和冒險的，因為這段路有超過二十公里的登山步道，山巒起伏，從海拔200公尺直攀而上1450公尺的山頂，再逐漸往下進入西班牙，所以從潘普洛納開始我的朝聖之路，是最保險的選擇。

阿爾哈發利亞宮殿（Palacio de la Aljafería）以「阿拉貢的穆德哈爾式建築」名義列入聯合國世界遺產，目前裡面有部分是薩拉戈薩市議會辦公的地方。

奔牛城市的初體驗

2013.5.2 PAMPLONA 全天陰雨
宿Albergue Jesus y Maria，床位7歐元

2013年5月2日下午一點四十六分，火車準時駛進潘普洛納的火車站，這時天空正飄著細雨，站在車站門口有點茫然，這時終於承認自己是太過大膽些。手邊除了朝聖之路的簡單路線圖外，什麼地圖都沒帶，從馬德里機場出海關開始，就是不斷的查詢車訊、預訂旅館和隨機問路，能這樣順利地來到潘普洛納，該說是好運連連，還是憨人憨膽。

當走出火車站，佇立在這個城市的入口，雖然座標不明、方向不清，但憑著之前在網路上搜尋的資訊，確認過庇護所多位在朝聖之路沿線，不會有所偏離，秉持著這樣的認知朝舊城區而去。來到舊城區，卻遍尋不到朝聖之路的標誌，但本人果然有受到幸運之神的眷顧，在市中心的卡斯提優廣場（Plaza del Castillo）巧遇了兩位朝聖者，這兩位女士是從法國的SJPP出發，已經走第3天

了，蹣跚的步伐看得出雙腳應該很酸痛，她們說今天打算要走到距離潘普洛納5公里外的Cizur Menor，卻仍停下腳步，熱心地要先將我帶到庇護所，並且在確定我還有床位後，才繼續趕路。

這間協會所設立的庇護所Jesus y Maria位在大教堂附近，裡頭一共有114個床位，卻在下午3點半左右就已經全部住滿，庇護所的床位一位難

這次朝聖之路入住的第一個庇護所Albergue Jesus y Maria，主要提供朝聖者入住，但9月1日至4月30日也開放給一般旅客登記入住。

朝聖護照

在庇護所購買，每天抵達庇護所後，拿著朝聖護照登記住宿並蓋章，沿途經過的庇護所、教堂或有些咖啡廳和餐館也可蓋章，但要注意保留住宿蓋章的格數。當抵聖地牙哥德孔波斯特拉後，至大教堂旁的朝聖者辦公室報到，櫃檯就會核對護照上的戳章，證明朝聖者的確徒步100公里以上，工作人員就會發給一張拉丁文的朝聖證書。

求的情況，在往後的日子更加嚴重，最後逼得我只能選擇每天提早休息入住。

今天在庇護所櫃台登記床位時，一併購買了朝聖護照，當蓋上朝聖之路的第一個戳章時，感覺有點新奇、也有點興奮，看著護照上的40個空格，心裡不禁想：「到底能不能蓋滿？能不能一路蓋到聖地牙哥德孔波斯特拉？」著實有點不確定，不過仍默默地為自己喊了聲：「相信自己，加油吧！」

朝聖之路沿途經過許多村莊或城鎮，每個點都有提供礦泉水、食物或生活用品補給的雜貨店，但也不保證一應俱全。經過仔細思考後，決定帶一本輕薄短小的朝聖之路指南是必要的，在大教堂附近找到一間朝聖者用品專賣店，買了相當受朝聖者歡迎的John Brierley著作的朝聖指南，可以清楚掌握沿途的庇護所、商店、距離、高度等資訊，更能放心地一個人前進了。

潘普洛納是納瓦拉自治區的首善之都，這個地區曾是巴斯克王國的心臟地帶，無論是建築、文化、飲食，甚至是歷史，都保有獨特的風格。潘普洛納的大教堂雖然不是很宏偉，卻融合羅馬式、哥德式和巴洛克式等建築風格，如同西班牙幾千年歷史演進過程的縮影，精彩而多元，因為抵達時已經超過開放時間，只能在旁邊稍微逛逛，很難窺得全貌。

我選擇避開觀光客集中的地區，在中央市場附近找到二間當地居民常去的小餐館，坐在吧台前，喝到這幾天來的第一杯紅酒，也吃到深具巴斯克特色的下酒菜（就是西班牙的tapas，巴斯克語稱作pintxos），才各花費兩歐元，好吃、好喝又便宜的葡萄酒和下酒菜，就成為我在朝聖之路上每天的基本餐點。

這一次是我第四度到西班牙旅行，卻是首次來到西班牙的北部，北方城市

潘普洛納（Pamplona）市政廳，每年瘋狂的奔牛節就是從市政廳前廣場鳴槍開始。

給我的印象和南方很不一樣，舊城區的建築與市容都較為整齊、色彩較為單一、街道寬敞，而南方則較多元、色彩豐富、街道相對擁擠窄小，而在人與人的互動上，南部人表現較為熱情大方，北部人則較拘謹有禮。雖然在人文景觀或是性格表現上，南北各具特色，可是並不矛盾衝突，都讓人感覺非常的西班牙，當然也可能是我個人特別喜愛西班牙的緣故，接受度和適應力都特別高。但我認為，和歐洲大陸隔著庇里牛斯山的伊比利半島，的確保有著自成一格、無比獨特的魅力。

在市區逛了一圈回到庇護所，這才發現自己睡覺這一區的床位，入住的全都是中年以上的大叔們，不過，就像下午去梳洗時，和一群陌生男女共用浴廁，一開始還覺得有點尷尬，沒多久也就適應了。當大家都表現的大方自在，自己也就不再做無謂的糾結，看來我還滿能自我調適的。

我的下鋪是來自克羅埃西亞的Thomas，一位很愛聊天的先生，可能看我是新來的朝聖者，覺得我在這環境裡表現得有點陌生又不自在，所以在晚餐時間，他曾表達友善之意，邀請我一起去用餐。不過，第一天的朝聖之路，我頗希望能夠獨處，沈澱一下自己的思緒，就拒絕了他的好意，後來在路上偶而還會遇到他，直到第4天就沒再遇見了，而這種情形在往後的日子，每天都會重現。

朝聖之路的第一個晚上，我在奔牛節故鄉的潘普洛納，城市在細雨中顯得迷濛，既沒有狂牛奔馳、也沒有萬人吶喊。當晚上十點一到，在只用隔板稍作區隔的古蹟庇護所裡，我鑽進睡袋、戴上耳塞，和113位朝聖者，同在一個空間裡睡覺，沒多久周圍就響起仿若萬眾齊鳴的鼾聲，穿過耳塞鑽進我的聽覺裡，詭異的是，我竟也安然、快速地入睡了。

正式踏上
朝聖之路……

LA QUINTA

DAY 1.

約 25公里

PAMPLONA ~ PUENTE LA REINA

跟著貝殼標誌
與黃色箭頭前進

2013.5.3 上午陰雨，下午天晴
宿Albergue Padres Reparadores，床位5歐元

route

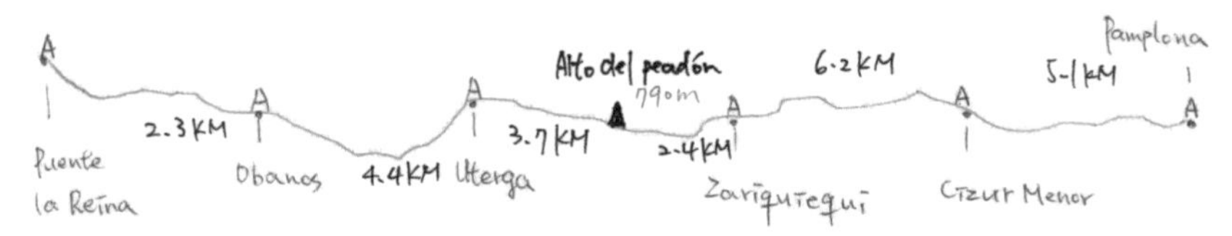

早晨五點多，在一陣唏唏嗦嗦的聲音中醒來，霎時間有點恍然，隨即想起此刻自己身在朝聖之路上，有點毛玻璃材質的窗子，透進來的天色顯得昏暗，天色未亮、細雨濛濛，異鄉的感覺更加深重，雖如此還是得準備起床了。

每間庇護所都是晚上十點熄燈，早上六點開燈，許多朝聖者會選擇摸黑上路，只能在漆黑的空間裡整理行囊，有些人會使用頭燈照明，除了那些整理背包的吵雜聲，還有移動時頭燈偶而掃射過來的刺眼光線，都會讓人隨之醒來，要想賴床都不可能。當然，朝聖之路上的集體自律發展於無形，二十幾天的庇護所生活，不管是數十人或上百人使用的公共空間，幾乎看不到髒亂，浴廁更聞不到異味。甚至原

貝爾東隘口（Alto del Perdón），隘口上整排黑色的古代朝聖者鑄像，是朝聖之路上著名的景點。

本擔心沿途會吃到不乾淨食物或身體不適，準備了胃腸藥、感冒藥等旅行必備藥物，此次完全使用不到，不知是自己太過幸運，或是大多朝聖者皆是如此？1500cc礦泉水、一包巧克力餅乾和兩根香蕉是我的背包裡每天必備的基本糧食，這些東西可以讓我在路上補充水分、熱量和充飢。

當走上朝聖之路後，沿途的貝殼標記和黃色箭頭清楚地指引著，朝聖者只要循著指標向西前進，要迷路還真是不容易。走出市區後，迎面而來的是，滿眼翠綠的原野和綿延的山坡，還有一片片的油菜花田，五月的黃色花海，讓人完全可以理解何謂「數大便是美」。

當其他朝聖者經過身旁時，都會朝我喊一聲：「Buen Camino~」，我才知道這是中古世紀時朝聖者彼此呼喊、激勵大家勇往前進的口號，沿用至今，現在朝聖之路上，大家都會用來祝福彼此，為對方加油。讓原本陌生的人透過一句話而拉近了距離。經過幾次生澀的招呼之後，我就可以很順暢的跟其他人相互道聲「Buen Camino」了，美好的朝聖之路。

走了近六公里，經過Cizur Menor之後，原本和緩的坡地，地勢開始攀升，還經過幾片雜樹林，走到Zariquiequi坡勢更陡，終於真正開始爬山，從海拔460公尺左右上升到790公尺，當爬到最高點貝爾東隘口（Alto del Perdón），這時雨已經停了，但風勢相當強勁，還好因為穿著雨衣擋住了不少寒意，這段約十公里左右的山路不是太難走，困難的反而是後續三公里多的急降坡，這時帶來的兩支登山杖，成為行走時最好的輔助工具。

站在山頂隘口，被強風吹襲著頻頻後退的身軀，逼使我必須繼續向前走，不過還是短暫地停留在視野遼闊的地方，將來時路和未來路盡收眼底，兩側的山稜線設立的風力發電站，巨型的白色風車，映襯著隘口上整排黑色的古代朝聖者鑄像，這裡是朝聖之路有名的景點，傳統與現代的朝聖者在此處交會，這是我朝聖之路的第一座山頂，卻只是爾後翻越無數山嶺的其中一座而已。

沿途發現不少溫帶地區的不知名野花，五顏六色的花朵沿路綻放，可惜我只認得出有著紅豔色彩的虞美人、以及如黃金海浪般的油菜花田，這裡的油菜花品種似乎有點不同，每株長得幾乎跟人一般高，一眼望去甚為壯觀。所有的花都有著迷人的香氣，在氣喘吁吁的當下，讓視覺和嗅覺得到不少的調劑。

從隘口下山時，連續陡坡對雙腳來說負荷相當大，登山杖第一次派上用場，雙手拄著登山杖，有效地減緩下坡時的衝力，避免受傷的可能。來到山下之後，天氣說變就變，陽光劃破天際，烏雲被遠遠地甩在來時的山頭上，氣溫也逐漸回升。

一位愛唱歌的西班牙阿嬤經過我身邊，突然摘下路邊的紫色小花送給我，看她在手上搓揉之後，紫色小花散發出清雅的芳香，她告訴我，這小花的名字叫做「Dormillo」（不確定是否是這樣拼），將花送給我，然後丟下一句 「Buen Camino」，她就又唱著歌瀟灑地離開了。落在後方的我，看著她飛快消逝的身影，霎時覺得自己的腳力太過虛弱。

往前走不久，黃色的油菜花田幾乎佈滿整片山坡，果然數大便是美。不過，可能是五月時節，這裡的田間小路也出現許多的春蟲，望著地上那些爬動的小蟲，對於從小就怕蟲的我，無疑是最大的夢魘，可是能怎麼辦，不往前走，難道要往後退，因為怕蟲所以無法完成朝聖之路，這是多麼薄弱的理由，若沒有戰勝這種恐懼的決心，如何能繼續走下去呢？我也只能鼓起勇氣，假裝視若無睹地踏過，也因為地上的蟲蟲們，我不再時時看著路面行走，終於擺脫低頭族的行列，抬頭挺胸前進，仰望著遠方和天空，也望進了無數風景，感謝蟲蟲大軍們。（一直到León之後，田野間的小路才不見蟲蟲的蹤跡，雖然已經克服了初始的恐懼，但能不見還是不見的好，心中著實鬆了一大口氣。）

這個突破也提醒了我，沒有真正過不去的障礙，唯有願不願意去行動而已。

沿途經過Uterga和Obanos兩個小鎮，從建築外觀看來仍保留著穆德哈爾式的風格：磚造房子、典雅的木造陽台和露台，顯示存在西班牙約八百年歷史的穆斯林文化，並沒有在西班牙的北方消聲匿跡。

第一天走了二十公里之後，雙腳和雙肩終於覺得酸痛，十公斤的重量背負起來有點沈重了，雖然這才只是第一天，可是我在路上遇到的朝聖者們，大多已經走了三、四天了，昨天在庇護所看到許多人拿著針線刺破腳底的水泡，在行進間也看得出他們的雙腳相當不適，但大家還是踩著穩重的步伐前進，是什麼原因讓大家願意忍受肉體的痛苦？是什麼力量讓大家前仆後繼而來？我想，這只有自己知道了。

抵達Puente La Reina時大約下午三點，約二十五公里，一小時平均3.5公里的速度，應該不算太差，可是當我抵達時，第一間庇護所床位已滿，看著同時抵達的朝聖者們，立刻馬不停蹄的往前走，應該是擔心下一間也已客滿，雖然這時我的雙腳非常痠痛，但還是必須踩著蹣跚的腳步，趕緊追上去，深怕搶不到床位，還好第二間尚有幾個床位，不過，晚幾分鐘抵達的人就沒有這麼幸運了，因為在我登記不久後，登記桌上就立刻擺上「completo」的牌子，就是床位已滿的意思 。

這間是修道院設立的庇護所，一個床位只需要五歐元，可能是太多人使用，浴室的熱水只能算是溫水，而下午的氣溫又偏低，感覺像在洗戰鬥澡，冷得不禁直打哆嗦。

Puente La Reina是一個寂靜的小鎮，主街（Calle Mayor）貫穿中心，街上穆德哈爾式的建築，以及中世紀的橋梁，是朝聖者千年來的必經要道。在這條街道上散步，偶遇其他的朝聖者，大家都是來採買糧食的，我也跟著走進一家雜貨店裡，買到隔天需要的餅乾、香蕉和礦泉水後，獨自找了間餐館，坐在吧台的位子，仍舊是紅酒和下酒菜，店裡的客人不多，所以相當的安靜，一個人用餐除了不被打擾，還可順便和服務生練習生疏已久的西班牙文。

外頭的陽光看似強烈，可是風一吹來，冷冽的空氣還是鑽進皮膚裡，回到庇護所，只好窩到床上寫日記，一對韓國夫妻在室內大聲的交談著，聽不懂但覺得很吵，原來所有的語言，只要語氣太過強悍和大聲都會令人感到吵雜。

DAY 2.

PUENTE LA REINA 約 22公里 ESTELLA

為何只見蜜蜂不見蝴蝶

2013.5.4 天氣晴朗

宿Albergue Anfas，7歐元

route

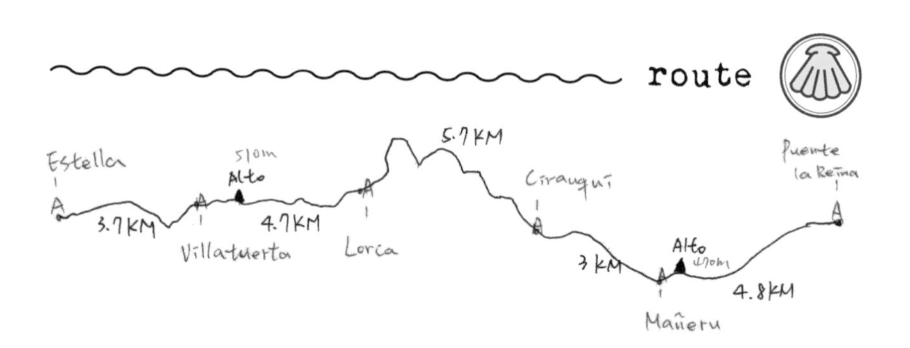

今天出發時，陽光相當耀眼，經過幾座山坡起伏後，已是滿身大汗，沿途雖有些林木遮蔭，但大多時間仍曝曬在陽光之下，才走十幾公里，身體已經出現痠痛的現象，這時才意識到登山杖果然是必要的，雙手撐著雙杖前進，似乎抵消了不少行走的壓力。而隨著朝聖之路向西前進，Navarra自治區的山形起伏、綠野遍佈、百花盛開，是辛苦走路的最佳犒賞。今天的腳程明顯地緩慢下來，才知道長途步行的酸痛後遺症，無法可避，尤其頻繁的上下坡，對膝蓋和腳踝造成的負擔必須小心因應。

今天有一段路是傍著高速公路而走，不會危險，但是看著僅僅一線之隔，隔開了世界文化遺產與現代交通工程，若是不走上這條路，相信很少有機會可以體驗這種情境，糾纏一小段路後，朝聖之路就又回到安靜的古道上。

路上除了徒步的朝聖者，也遇到好幾隊騎自行車的朝聖者們經過，當在平地或下坡時，看到自行車騎士們從身旁掠過，羨慕的心情油然而生，可是當遇到爬坡時，自己卻能超越這些龜速前進的騎士時，卻又會開始慶幸自己選擇徒步的方式。幾次心情的周折之後，就拋開這些無謂的自擾了，走路和騎車本就各有優缺，重要的是相信自己的選擇，既然

Estella小鎮入口處的千年歷史古橋：卡爾塞爾橋（Puente de Carcel）

選擇了這個方式，又何需自己添亂，尤其是在疲累的時候，讓心情受到影響。

朝聖之路部分路段，徒步和騎車的路線會分開，的確有些路是雙腳可以走過的地方，但是單車可能沒有辦法通過，特別是山徑。雖然不清楚路線為何，不過通常會騎到公路上，然後再跟適合騎車的朝聖之路接合。在這條路上，我還有遇過騎驢朝聖的一家人，最後一天更碰到兩位騎馬的朝聖者，幾種不同的朝聖方式，竟讓我一次全都見識到了，實在相當難得。

今早離開Puente la Reina時，經過一座十一世紀建造的羅馬式古橋，鑽石型的橋墩和空心拱門構造，聽說是預防洪水暴發時，可以作為減少大水沖擊的阻力，在歐洲，古羅馬人的工程智慧還展現在水道橋的建築上，許多地方千年以上的水道橋仍繼續使用中。

沿途麥田、葡萄園交錯的田園景觀佔大部份，偶而還會遇見橡樹林和橄欖樹，而那些不時出現在周圍的不知名野花，吸引無數的蜜蜂來採蜜，許多朝聖者，包括「我出去一下」的作者哈沛科可林，都描述走在朝聖之路上會遇見翩翩起舞的蝴蝶，若是迷路，只要找到蝴蝶飛舞的地方，就會回到朝聖之路。可是這一路上我卻只遇見蜜蜂，蝴蝶倒很少看見，加上我也沒有迷路，所以也沒有蝴蝶引路的奇蹟出現，難道是季節不對？還是因人而異？還是上天在暗示，我注定是隻辛勤工作的蜜蜂，而不能當隻長袖善舞的蝴蝶？真是想太多了，不過抵達終點前，無論沿途繁花如何似錦，始終只見蜜蜂在我身邊圍繞，而蝴蝶真的都沒有來。

下午三點左右抵達Estella，第一間庇護所已經掛出「completo」的牌子，而其他庇護所都不是位在朝聖之路上，花了一些時間，終於找到一間位在山坡上的公立庇護所，由兩位來自馬約卡（Mallorca）的老先生在管理，當他們聽到我來自台灣時都很興奮，因為我是第一個住進這裡的台灣人。

今天已經重複看到幾張熟悉的面孔，彼此雖只是打聲招呼而已，卻有著他鄉遇故知的安慰。其中一位是已經遇到第二次的法國小帥哥皮耶（Pierre），在Estella的街上相遇時，兩個人都是步履蹣跚、舉步維艱的好笑模樣，不過，此時也僅只打個招呼，就分道揚鑣了，彼此並沒有交換名字，更沒意料我們的緣分妙不可言，竟然在未來的二十幾天裡，可以在途中多次相遇，讓緣分不斷地接續起來，身材高大的他走路速度相當快，幾次奇特的相遇，讓我想到，曾經有很多朝聖者這麼說的：「在朝聖之路上，那些你該遇見、該碰面的人，無論如何一定會被安排好，將人送到你面前」，幾次親身的經驗後，讓我對這句話終至深信無比。

Navarra自治區曾經是巴斯克王國的心臟地帶，在朝聖之路上靠近巴斯克自治區的村鎮，時時可見牆面的塗鴉寫著巴斯克自由、獨立之類的字眼。

Navarra自治區曾經是巴斯克王國的心臟地帶，經過歷代王朝的更迭，以及佛朗哥時期極權統治的影響，自治區北部的立場仍然偏向巴斯克王國，而南部地區則接近西班牙統一，雖然夾在兩種文化和立場之間，仍可以看到沿途的小鎮保有濃厚的巴斯克文化，甚至經過幾個較接近巴斯克自治區的村鎮時，附近的塗鴉都是寫著有關巴斯克自由、獨立之類的字眼，顯見受巴斯克影響很深，進入Estella前的橋墩或牆面上出現更加明顯的噴漆標語。

Estella是一個相當吸引人的小鎮，市區內中世紀的建築和紀念碑保有濃厚的歷史氛圍，艾加河（Río Ega）貫穿小鎮中間，屹立了千年歷史的古橋：卡爾塞爾橋（Puente de Carcel）橫跨其上，在進城處看盡了小鎮的美麗與滄桑，小橋、流水、綠堤和古城，形成美麗的景緻，難怪這個小鎮一直有著「La Bella」的暱稱。

在小鎮裡品嘗道地的巴斯克美食，據我所知西班牙下酒菜（tapas、或稱pintxos）的菜色超過數百種，選擇非常多元，不過也要看各地區的飲食習慣，而且每家都有自己的特色，當然味道也就不盡相同，這不一定完全符合眾人的口味，以我來說，我偏愛單純一點的下酒菜，最好可以一眼就看出是什麼食材。從第一次到西班牙旅行，我就非常喜愛西班牙的食物，直到現在，我還沒吃過討厭或難吃的西班牙傳統料理。

DAY 3.

約 22公里

ESTELLA ～～～～～～～～～～ LOS ARCOS

我親歷神蹟了嗎

2013.5.5 陽光炙熱
宿Albergue La Fuente，床位9歐元

route

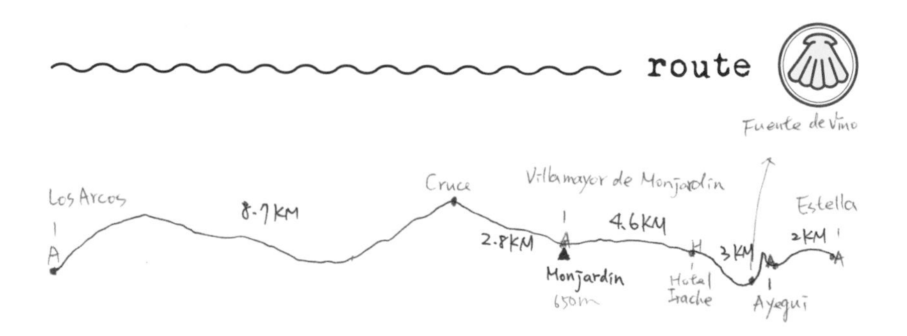

在庇護所裡要想睡一頓好覺，耳塞絕對是必備的物品，但是打呼聲的音量若超過一定分貝，縱然疲憊加上有耳塞的保護，想要安然入睡還是不可得，響徹整晚、此起彼落的鼾聲，讓我在Estella體驗了一整晚恐怖的室內交響樂，幸好這樣的經驗少有。

離開Estella不久，就到了Bodegas Irache，這裡是朝聖之路上相當知名的地點，設有兩個水龍頭，一邊提供免費的紅酒，一邊是提供飲水，所以大家抵達時，都抱著期待的心情想喝幾口紅酒，只是不知是否時間不對，還是已經被喝完了，打開水龍頭，提供紅酒的那邊並沒有紅色佳釀流出，只有殘留在壁上的紅漬，證明這裡的確有紅酒的存在。

一位德國老先生為了裝一瓶紅酒上路，才剛把瓶子的水倒掉，沒想到接不到一滴紅酒，害他失望地連連說著：「No Vino, No Camino」（沒有葡萄酒，就沒有朝聖之路的意思），逗得大家大笑不已，既然沒有酒喝，只好繼續上路了。

Bodegas Irache是朝聖之路上知名的景點，在特定時段會提供免費紅酒，是朝聖者趨之若鶩之處。

前兩天因為山勢起伏較多，加上途中很少停下來休息，造成雙腳明顯的痠痛。所以今天戴上護膝行走，希望能減輕雙腳的壓力，不過雖然已經放慢腳步，可是走沒多久，膝蓋前側就覺得隱隱作痛，過了Bodegas Irache，來到一個叉路，兩條路線分道，直至前方九公里處的Cruce再會合，距離相差不多，但是右邊是地勢較緩的法國之路，而左邊聽說是景色優美的山路，依我的膝蓋問題，當然是選擇右邊的路線走比較安全。

接近中午十二點，來到Villamayor de Monjardin這個村莊，村莊位在一座山坡上，上坡的道路非常陡，幾乎必須採取Z字形才能往上爬，好不容易走到廣場前的郵局時，膝蓋突然一陣劇痛，當場無法動彈，潰坐在郵局前的長椅上，不敢移動分毫。一抬頭剛好看見公車站牌，上頭有著班次時刻表，忘了是開往何處，不過應該是較大的城鎮。看著站牌，心裡擔心若真的受傷了，勢必得放棄前進，另一方面又非常不甘心，才第三天就鎩羽而歸，就在兩種念頭之間掙扎著。雖然從早上就開始出現疼痛，受傷的機率的確很高，可是真的不想就此放棄，沒想到神奇的事竟在半小時之後發生。

休息好一陣子，看著旁邊的郵筒，突然想到寫給自己的明信片還沒寄出去，無論結果如何，總是要先將它寄回台灣，於是嘗試站起來要走到郵筒投遞，預期中的疼痛竟沒有出現，在原地試走幾分鐘後，確定先前的劇痛莫名地消失了，這種無法解釋、難以理解的情形，發生在自己身上時，雖不想怪力亂神，但真的不可思議。

確定行動無礙之後，再度背起行囊，經過一大段的下坡路，膝蓋完全不受影響，甚至雙肩的痠痛也減少許多，可能是在重新上肩後，背負系統調整到最適合的位置，背包的重量感覺更輕了。此時此刻，我的內心充滿著奇妙的感動，若自己沒有親身經歷這些，很難相信有「奇蹟」這種事，上天正透過這奇蹟告訴我，朝聖之路是我必須完成的一條路，這也督促著我一步步地完成了這壯舉，縱使經常疲累、縱然偶而孤單，都沒有一絲一毫地退卻。

今天沿途的風景又有不同的美感，除了熟悉的葡萄園和麥田外，也穿越過幾片橡樹林和松木林，西班牙橡樹有一種稱作西班牙栓皮櫟，是適合做軟木塞的品種，不知那綿延三公里左右的橡樹林是否就是這個品種。有了樹陰遮蔽，終於暫時免受炙熱的陽光侵襲，走起路來感覺涼快許多。途經Caudiel河時，兩側不知名的桃紫色花海，美的讓人捨不得離去，有如此美景撫慰，我真的認為走路其實是一種享受。

下午兩點多走到Los Arcos，決定今天就在這裡休息，因為時間尚早，所以來到第一間庇護所La Fuente登記時還有床位，這間庇護所是私人的，主人是奧地利人，一個床位九歐元，雖然較公立的貴一些，不過他的房間和衛浴都是男女分開，相當貼心的安排。在登記個人資料時，老闆看到我護照上的國籍是R.O.C.，看他原本要寫上China，我連忙更正我是台灣人，他除了道歉外，因為我是第一位入住的台灣人，還請我喝一杯迎賓紅酒，並讓我自己選擇床位、以及行李服務，算是庇護所的特別招待，更透過老闆熱情地宣傳，讓所有朝聖者都知道有位來自台灣的女生（因為有這次的經驗，接下來的每一站，我都非常注意登記時，國籍填寫是否有誤）。

Los Arcos這個小鎮，保有相當完整的哥德式迴廊，是朝聖之路必經的地方，而且在這個小鎮，餐廳竟然都有韓文標示，可見韓國來走朝聖之路的人的確不少，我在這些天遇到的幾個東方臉孔，也全都是韓國人。因為是比例稀少的東方臉孔，雖然大家不會誤認我是韓國人，也都是先被詢問是否為日本人或菲律賓人，知道身材嬌小的我是來自台灣，且是獨自一人時，大部份人是訝異且佩服的（他們誤以為我很年輕）。查看了一下朝聖之路的官方網站，的確少見台灣人，自從2004年開始有朝聖者的國籍人數統計後，亞洲是由韓國人獨佔鰲頭，而來自台灣的朝聖者直到2011和2012年才各有58人，我完成的這一年更增加至88人。不過，我合理懷疑，有些人的國籍因為沒注意或不以為意，可能都被登記為中國。

我想到2007年在西班牙南部Granada的語言學校上課時，有位教口語課的老師，不知是故意還是真忘記，經常要我回答中國如何如何的問題，每次我都要回答：『不好意思，我來自台灣』，甚至最後她只要一說錯，班上的歐洲同學們都會幫忙更正：『Ella es taiwanesa, no china』（她是台灣人，不是中國人），這些歐洲同學們真的是可愛又友善。

雖然才行走第三天，可是在必須專心走路的過程中，已經更深刻地體悟，其實人生就像走路，不管選擇哪一條路，總是有得有失，而不管是會錯失什麼，獲得什麼，選擇之後，就朝那條方向前進，千萬不要三心二意而顧此失彼。尤其，凡事量力而為，切忌躁進和逞強。

DAY 4.

約 29公里

LOS ARCOS ～～～～～～～～ LOGROÑO

朝聖之路
不必然要自苦

2013.5.6 天氣炎熱

宿Pension La Bilbaina，床位10歐元

（提供朝聖者的民宿，有專門給朝聖者的價格）

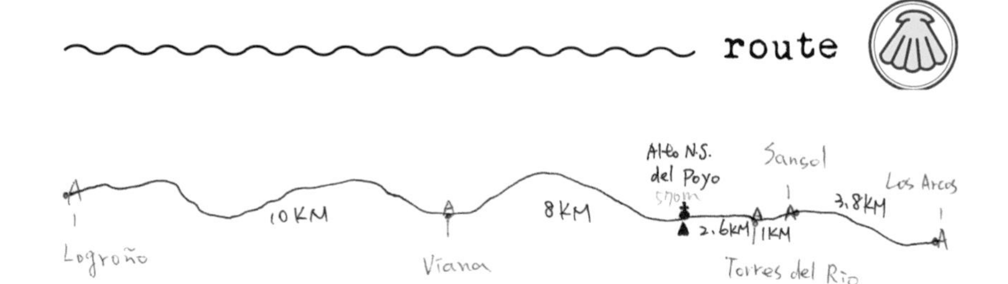

在庇護所用過早餐後才出發，朝聖之路上的庇護所大多不會提供早餐，有提供早餐的庇護所都是協會或私人設立的為主，一餐大約一至兩歐，早餐不一定美味，但是麵包、餅乾、咖啡、牛奶和果汁等都會提供，吃飽上路是沒有問題的。經過一段較難行的上下坡路，來到Torres del Río，十二世紀的八角型羅馬式教堂，佇立在朝聖之路上，裡頭據說供奉著十三世紀的基督像，安靜、質樸而穩健地看顧著來往的人們與路過的朝聖者。

走在這條朝聖之路上，經過無數千百年以上的歷史人文景觀，其實這條路本身就是一個偉大的人類遺產，沒有隨時代更迭而消逝，仍在原地與人們的生活互動著，這或許是一味追求所謂經濟發展的我們該省思的，享受物質生活的絕對富裕與便利，但卻極度缺乏精神、文化上的富足， 真是代表生活品質的提升？

午後一點左右走到Viana，沿著主要街道前進，兩旁皆是咖啡廳和餐館，是相當熱鬧的小鎮，許多朝聖者選擇在這裡留宿，看著三三兩兩坐在戶外咖啡座用餐的人們，加上天氣實在相當炎熱，腦海裡曾經閃過「今天就在這裡休息吧」的念頭，不過腳步還是繼續往前移動，腦袋與肢體的不和諧可見一斑。

自覺目前才走二十公里而已，還是得打起精神繼續往Logroño前進，心裡憂慮若進度落後太多，可能在預定時間內走不到聖地牙哥，因為擔心的膝蓋疼痛並沒有復發，心裡放下一塊大石頭。出城後找個陰涼處略微休息一下，順便吃些乾糧補充熱量，就再度出發了。

忍受著豔陽當空，超過三十度的氣溫，繼續往前的這段路上，幾乎完全沒有什麼遮蔽物，身體同時承受著疲累與高溫，感覺腳步越來越蹣跚。當看見Navarra和La Rioja兩個自治區交界處的界碑時，既開心又擔心，開心的是，進入La Rioja之後，距離今天要抵達的目的地就不遠了，擔心的的是，眼前這段熱氣驚人的柏油路面，已經出現地面積水的幻象（這算是一種海市蜃樓的現象吧），望著冒出陣陣熱氣的馬路，完全是煎蛋烤肉的高溫狀態啊！

好不容易走過這一大段艱辛的道路，逐漸接近Logroño市區時，有一位聽說名叫「幸福」（Feliza）的老奶奶在自家前擺個小攤子，替路過的朝聖者們免費在朝聖護照上蓋章，兼賣一些飲料、朝聖小飾品之類的東西，路邊也擺了幾張椅子提供給大家休息。巧的是，隔天出城時，有一位蓄著聖誕老公公鬍子的老爺爺做著同樣的事情。

下午四點左右終於走到舊城區，沿著朝聖之路的庇護所全都住滿了，原本繞到大教堂附近打算尋找飯店時，突然聽到頭頂上傳來呼叫「瓊」的聲音，在這個陌生的城市，誰會叫住我，心裡有點訝異。一抬頭原來是今天路上遇見的朝聖者，來自北歐的大女生Sarah，她們也是沒有庇護所可住，所以找到這間位在市中心的朝聖民宿，正好還剩一張床位，她問我要不要同住，我正苦惱找不到地方住，當然就立刻應允了。這間提供私人衛浴、有著熱乎乎

朝聖之路上的古老小鎮Torres del Río，右邊是位在路旁的12世紀八角型羅馬式教堂。

的暖氣，以及乾淨、柔軟、舒爽被褥的四人房，一個人十歐元，在朝聖之路上這是難得的享受！

經過四天的團體生活後，可以在舒服的環境裡痛快地梳洗、在暖烘烘的房間蓋上軟綿綿的被子，絕對是一大奢侈，此時真切地感覺，人類受科技文明影響之大，若非身在朝聖之路上，我想自己應該無法忍受那樣克難的環境，正所謂由奢入儉難啊！

沿途的小鎮、村莊各有各的風情，安靜、樸實且優雅，不過偶而來到喧囂熱鬧的空間也不錯，多了些人味和聲音。

雖然室友們邀我一起去用餐，最後還是決定獨自去逛逛這個葡萄酒城。走進巷子裡的一間小餐館，坐在吧台前向女服務生點了一盤生火腿、一串烤肉和一杯紅酒，吧台上掛滿西班牙生火腿，雖然吃不起最昂貴的等級，不過光是一般等級的生火腿，就已經美味無窮了。一邊吃東西，一邊和服務生練西語，千萬別以為我的西班牙文很流利，我的程度只能應付簡單會話而已，純粹是因為敢說、敢問，所以也能聊得很開心。沿途還可以偶而充當翻譯，畢竟在超過九成以上都是走在鄉間的朝聖之路，只會說英語的人還滿吃不開的。

在這間店裡，遇見一位自稱是瑞士人的朝聖者，他說幾年前曾到過台北。雖然他已經略有醉意，我仍然保持禮貌地和他聊天，完全沒有預期兩天後再度遇到他時，發生此行唯一一次不愉快的經驗。

Logroño有著典型西班牙北部城市的氛圍，這個La Rioja的首都，葡萄酒的重鎮，市容乾淨而美麗、人多卻不嘈雜，街道明亮且寬敞，走在路上相當舒適，這種以人為主的城市街道，走過西班牙大部份的地方皆是如此，這是一種生活文化的底蘊與態度。梳洗之後，只能穿著紅色夾腳拖逛大街，在鄉下地方還不怎麼突兀，在這裡卻不時會引來好奇的目光，不過，也管不了那麼多，因為除了登山鞋外也只有這雙拖鞋可穿，再多的隨身物品不僅增加行囊重量，更會減少背包空間，只好泰然自若地接受異樣目光的洗禮了。

第四天，遇到更多的熟面孔，彼此從陌生到熟悉，關係拉近的速度原來可以這麼快，在朝聖之路上，大家都是最親近的陌生人。

可能因為昨天Los Arcos庇護所主人的大力宣傳，今天的朝聖者幾乎都會主動來問候，甚至，緩下腳步只為了跟我聊幾句話。在路上就遇到美國波士頓的朝聖者Gary，是一位賞鳥人士，非常關心美中台的關係，而且對台灣近代史的了解，還真是令我訝異。Gary身上背著高倍數的望遠鏡，沿途尋找西班牙北部的特有種鳥類，只要聽到特有的鳥叫聲，他就會停下腳步搜尋，在經過一片松樹林時，為了不打擾他的興致，我們倆就在此處分開，幸好有他的短暫陪伴，讓我暫時忽略了炎熱的天氣和疲累的雙腳。

朝聖之路上就是如此，彼此偶然的相遇，每張既熟悉又陌生的面孔，都會讓人覺得無比親切，可以自然而然的問候聊天，也可以毫無牽掛的道別分開，每個人在這條路上找尋到自己的腳步、走自己的路，能否再相逢就是有緣與否的驚喜了。

許多朝聖者遇見我都是相當友善的，他們對外表如此嬌小的東方女生，都會好奇詢問：「為何獨自一人來走朝聖之路？」我都是這樣回答：「因為想來走走，所以我人就來了。」事實也是如此，若不是憑著那股衝動，我想自己一定不會自討苦吃。而當他們聽到我前天發生的「膝蓋事件」時，每個人都是這麼説的：「這是神蹟，聖雅各先生會庇佑你走完全程！」（天主教徒的感恩與信仰）。

不管是奇蹟，或是神蹟，我相信自己的確是幸運、受眷顧的人，而往後的幾次經驗也證明真是如此。所以，此行我更加有信心，一定要用自己的雙腳走進聖地牙哥，親自向聖雅各先生道謝！

DAY 5.

約 37公里

LOGROÑO 〜〜〜〜〜〜〜〜〜〜〜 AZOFRA

這些是朝聖之路上該繫的緣嗎

2013.5.7 天氣晴

宿Albergue Parroquial，床位7歐元

route

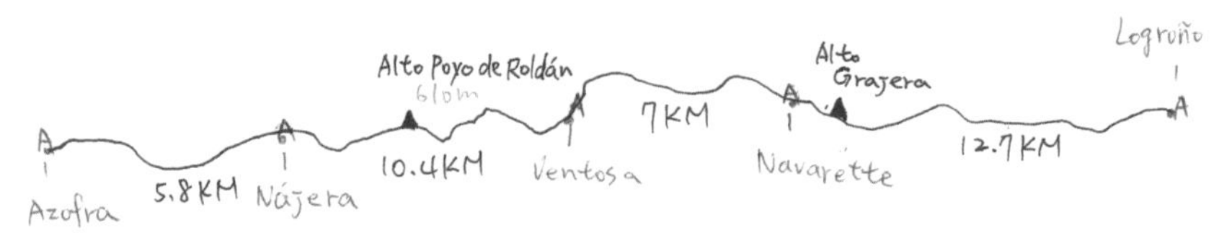

今天離開Logroño市區後，先是經過一座腹地極廣的森林公園和人工調節湖，一大早有許多居民在這裡跑步、釣魚、和享受親子活動，朝聖之路貫穿其中將近四公里，沿著朝聖之路走到公園的另一端約一個小時左右，在出口處同樣有個小攤子，幫朝聖者蓋章和販賣朝聖小飾品，是一位打扮像聖誕老公公的爺爺守著，和昨天進城時遇到的老奶奶隔空相呼應，這兩位長者宛若朝聖之路上的守護天使。

在西班牙最有名的葡萄酒產區La Rioja行走，有別於Navarra的綠色山野和百花齊放，這裡滿佈的是赤色土地，沿途最棒的景致就是葡萄園和酒莊了，偶爾夾雜著樹林與麥田，想像無數佳釀產自於此，雖然沿途僅能品嚐一二，對喜好葡萄酒的我來說，已經是極大地滿足。

今天原本的計劃是要走到Nájera，大約三十多公里，有鑒於前幾天膝蓋的疼痛，為求保險起見，決定縮短行走的距離，到二十公里處的Ventosa就想留宿。但是天不從人願，上天似乎另有安排，當下午一點左右抵達Ventosa，竟已經沒有床位，只好繼續往前走，沿途風景仍舊美好，只是相當疲累，尤其是當預期要休息卻仍必須前進時，疲倦感更深。路上曾遇到一位來自坦尚尼亞的阿嬤，她獨自坐在樹下休息吃午餐，後來沒再遇到她，今天的床位很滿，不知她最後在哪裡落腳？

好不容易，下午四點左右終於抵達Nájera，這是一個很受歡迎的觀光小鎮，庇護所早已住滿，而鎮上的旅館、飯店竟也全都客滿。當身體極度疲累，卻又沒有地方可休息時，當下覺得悲慘無比，庇護所的女管理員雖同情我卻無法讓我入住，她想到有兩個丹麥女孩決定往Azofra前進，而且才剛剛離開，於是帶著我去追她們，兩位小女生非常爽快地答應讓我同行，我們先找了間餐館吃點東西之後才出發，畢竟Azofra可是還遠在六公里之外。

無數朝聖者在綿延數百公尺的鐵絲網上，編織而成的十字架圍牆，將歷史與現代交織在一起。

這段路是我全程速度最快的一段，不到一個半小時走完六公里（特別是在傍晚時分，氣力已經放盡時），主要是因為不想拖累兩位女孩的速度太多。二十一歲的Tine和十九歲的Pernille，兩個人都身材高挑，走路速度非常快，可是她們卻很貼心的邊走邊玩，放慢腳步等待我的龜速前進（與她們相比）。雖然晚上九點天色才暗，但是六點多黃昏的田野，相當寂寥，若是一個人走一定會心慌慌，我很幸運地能與她們結伴而行，隔天在Santo Domingo de La Calzada最後一次見面，後來縱使沒有再相遇，不過與她們的緣分，竟然在後來碰見三位男生（José、Pierre和Alex）之後，重新連結起來。現在，我們已成為忘年之交，偶而透過臉書和電子郵件聯繫。

三個女生拖著如鉛般沈重的雙腳，終於在七點前進入Azofra，來到廣場時，一群朝聖者已經坐在露天座位上休息聊天，昨晚收留我的Sarah也在這裡，看到我步履蹣跚地走過來，她立刻上來用一個大大的擁抱來歡迎我，好一個溫暖的擁抱！隔桌一位男生一直望著我，仔細一看竟然是Pierre（這時我還是不知道他的名字），這是從Estella之後再次相遇。

當進入村莊前，我請兩位小女生不用管我，先到庇護所問問有無床位，可是當我抵達時，她們站在櫃台前一臉茫然，管理員媽媽正快速説著西文，此時，我的破英文和西文再次派上用場，充當現場翻譯。原來是庇護所已經沒有床位了，但在教堂邊有間宿舍，只是沒有暖氣和熱水，當下也沒他選擇，我們只能去那兒窩上一晚，幸好床鋪還算乾淨，因為室內沒有暖氣、沒有毯子，我帶去的睡袋也不夠暖和（睡袋只能應付五到十度左右的低溫），當晚室內溫度極低，冷的讓人無法安然入眠，一直睡睡醒醒直到天亮。

我們三個女生為了補償自己，紀念這辛苦的一天，於是在廣場前的酒吧開喝起來，喧鬧到引起了隔壁桌的注意，隔壁桌正好是法國的Pierre、西班牙的Alex、哥倫比亞的Cris，今晚喝多了一些，所以雖然彼此交換了名字，也聊了整晚，依然沒有記住Pierre的名字，甚至連另外兩位男生我都完全忘記了，直到León之後再次遇到並同行，Alex特別提起這一晚，我才想起來那個請喝紅酒的人就是Alex，多麼奇妙的緣分。今天，是最辛苦、最疲累的一天，但是，我覺得這樣的辛苦，是為了來到Azofra牽起那條叫緣分的線，讓該在這條路上認識的人能夠相聚，也是因為Pierre、Alex的關係，十天之後，終於在朝聖之路上把大家連結起來了。

沿著黃色箭頭走，如何會迷路？

DAY 6.

約 15公里

AZOFRA ～～～～～ SANTO DOMINGO de LA CALZADA

上天會在身旁安排守護天使

2013.5.8 陰天
宿Albergue Casa de Santo，自由樂捐

route

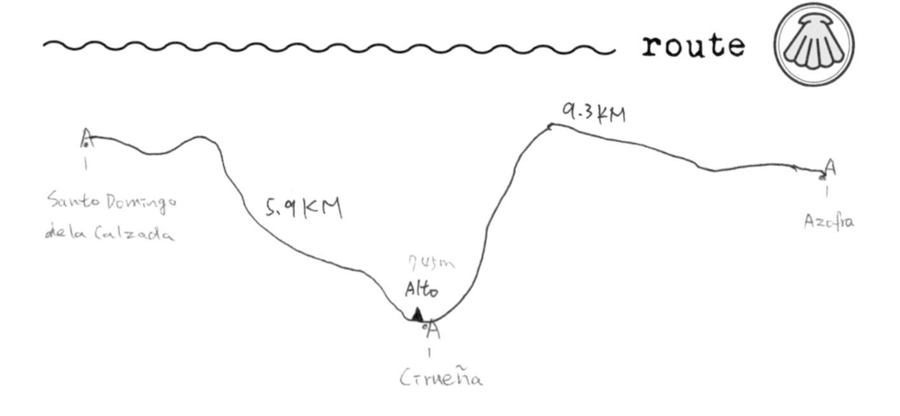

吃完早餐出發時，是陰天，氣溫偏低。沿途大概就是葡萄園和麥田交錯，太陽公公完全不賞臉，偶而還飄點小雨，是第一天出發後再度有雨的日子，不過寬闊的大地襯著陰霾的天色，別有一番滋味。

路上偶爾會遇到幾個熟面孔，一對年輕的法國夫妻和一位巴西年輕人Pedru是這兩天經常相遇的，大家可能受天氣影響，都簡短道聲「Buen Camino」後，就繼續埋頭前進，我也是如此，因為擔心會下起大雨，腳步更不敢稍加停留。

走了八公里左右，接近Cirueña附近，終於看到一處提供朝聖者稍作休息的歇腳處，為了珍惜自己的體力，我跟著法國夫妻和Pedru停下來休息。當我卸下背包不久，一位中年男子走了過來，一看到我就很熱情地打招呼，我稍微愣了一下才想起來，原來是在Logroño酒吧遇到的那位瑞士人，剛開始還不覺得怎樣，後來他在言語上逐漸有點不禮貌，當下還不知該如何反應時，那位法國太太似乎注意到我的尷尬和不悅，開始跟那位先生聊天，適時地幫我解圍，為了避開可能的麻煩，雖然還沒有真正休息，我還是將背包上肩繼續往前走，這是整條路上唯一碰到的不愉快經驗。

至於，我離開之後發生什麼事，我並不知道，猜想應該是現場那幾位朝聖者有提出一些警告吧！因為當天在入住的

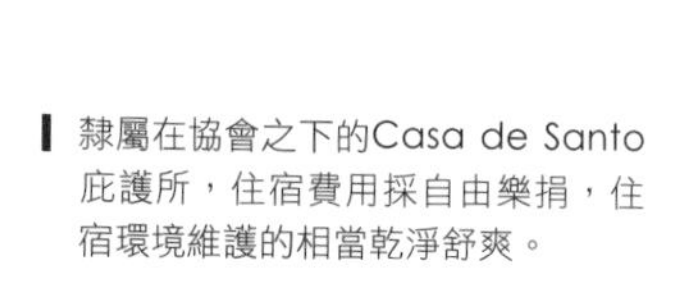
隸屬在協會之下的Casa de Santo庇護所，住宿費用採自由樂捐，住宿環境維護的相當乾淨舒爽。

庇護所，再次碰到那位瑞士先生時，他的態度顯得相當客氣有禮，而遇到那對甜蜜的法國夫妻，或是巴西男生Pedru，他們的態度則較之前的互動變得更加熱絡，我想，這應該就是朝聖之路上所謂的守護天使，對此，我無比的感恩與感謝。

昨天實在太過疲累，腳底的痠痛時時提醒自己別太逞強，滿招損、謙受益，也可以用在身體上。畢竟路途還很遙遠，的確要適可而止，別為了一時的公里數紀錄，而影響未來的續航力。所以只走十六公里左右，來到Santo Domingo de La Calzada，我就決定休息了。

途經某個小公園時，看到Tine、Pernille坐在角落吃午餐，她們比我早出發半小時，原本以為不會再見面了，卻正巧在這裡相遇，聽她們的意思是打算走到距離這裡七公里之外的Grañon，原來昨晚大家在喝酒時，Alex有跟我們相約今天在那裡會合，兩個小女生決定追上他們，體力差的我就放棄了。（這時我還是不記得那三位男生的姓名）

Casa de Santo庇護所隸屬在協會之下，住宿費用採自由樂捐，雖然不需費用，住宿環境卻維護的相當乾淨舒爽，浴廁還男女分開使用，一樓有一位年輕帥哥，專為朝聖者服務，舉凡受傷、鞋子、背包等疑難雜症都可以找他，只要付給他一些基本的費用，有些他甚至不收費，是一間很棒的庇護所。

Santo Domingo de La Calzada是一個被教徒認為充滿能量的城鎮，十一世紀時出生於此的聖多明哥，為朝聖者建造了行人專用的石頭馬路、橋梁、住宿和救護院等設施。

這個小鎮有個傳說，在中古世紀時，有一位跟著父母前來朝聖的年輕人，因被指控偷竊而遭處死，他的父母向主教陳情未果，主教還指著桌上盤子裡的一隻烤雞說，妳們的兒子所犯的罪就如同這隻死透的雞一樣明確，才說完公雞竟然奇蹟似的復活了，直到今天大教堂裡每個月都有幾隻公雞和母雞輪流值班。

不過，當我經過傳說中的大教堂時，因為穿著短褲和拖鞋，所以無緣入內觀賞迪士尼動畫風格的白色公雞、母雞雕像，以及值班的公雞、母雞。雖然如此，這裡仍是一個動人的小鎮，傍晚時分，整個小鎮沐浴在雨後陽光下，在些許冷冽的空氣中，為這個古城添加一絲的暖意。

朝聖者可以選擇以走路、騎單車，或騎馬、騎驢的方式完成朝聖之路，一路上遇到的朝聖者大部份都是用步行的方式，其次是騎單車，根據朝聖之路官方網站的資料超過八成五是以徒步方式，騎單車將近一成五，騎馬、騎

▎路上遇到騎驢的朝聖者一家人，看起來雖疲累卻與周遭的自然環境相當契合。

驢者非常稀少。不過今天的路上，我遇見了騎著驢子的朝聖者，一對夫妻、兩個小女孩、三隻驢，小孩坐在驢背上，夫妻牽著毛驢走，一家人緩緩地迎面而來，應是已經朝完聖，要返家的回程路，大女兒騎的那頭驢子還走到路旁吃草，形成一幅有趣的畫面。

每當傍晚時分，一個身材嬌小的東方女生，穿著紅色夾腳拖，腳步微跛的走在街道上，已經成為這幾天朝聖之路上的標記之一。（若還有機會再走上一趟，我會攜帶防水的登山涼鞋，或許腳底就不會那麼痠痛）

當還在潘普洛納時，我還曾經自以為走個幾天後，才會如同遇到的朝聖者一般，走路蹣跚、腳步微跛。沒想到第一天住進Puente La Reina的庇護所，脫下登山鞋、換上拖鞋，從腳底傳達上來的痠痛，筆墨難以形容，連下個樓梯走到浴室，都要扶著欄杆才能往前移動，原來自己並沒有想像的那麼厲害。

這時才真正意識到，不需要太多時間，只要你背著十幾公斤，連續走上二三十公里，當停下來之後，身體會自動忠實反映它被壓榨的結果。弔詭的是，隔天穿上登山鞋繼續行走，痠痛反而不那麼明顯、走起路來也不再微跛。每天都重複著同樣的痛苦，天堂與地獄就在鞋子的穿脫之間，卻也從來沒有想過要放棄，或是直接搭車去聖地牙哥拿證書，這樣看來，我的意志力還算是堅強。

DAY 7.

約 23公里

SANTO DOMINGO de LA CALZADA ～～～～～ BELORADO

我終於克服了內心的恐懼

2013.5.9 雨天
宿Albergue A Santiago，私人，5歐元

route 

今天早上出門時就開始飄著小雨，尤其離開La Rioja邊界之後，雨勢加大，雨天趕路實在不怎麼舒服，尤其讓肩上十公斤的背包更顯沈重，只能專心地走路，無暇他顧沿途的風景。

雖然因為天雨不好走，不過這幾天訓練下來，腳程似乎快了許多，八點多才出發，卻在下午一點半左右就抵達，縱然時間還早，考量到下一站還在五公里之外，雨也越下越大，就決定今天停在Belorado不再前進了。

結果證明這個決定是正確的，因為隨後入住的朝聖者，個個都像落湯雞一樣，相當的狼狽。

這七天已經步行超過一百七十公里，截至目前為止，除了長時間走路，導致腳底、小腿的酸痛外，身體狀況一切正常，沒有抽筋、也沒有起水泡，甚至因為負重造成的肩膀痠痛，也越來越輕微。我想，能夠穿著新登山鞋、背著新登山背包，卻沒有預料中的水泡和肩傷，是非常幸運的事情，再次覺得這是受到上天的眷顧。

四天前的下午三點進入La Rioja自治區，而在今天上午十點左右離開，正式踏上Castilla y León自治區的土地，又走過一個自治區，不過最大的挑戰還沒開始，Castilla y León上的Meseta（高原），那片綿延兩百多公里的麥田，將是體力與意志的最大挑戰。

當離開La Rioja之後，原本沿途都有自治區政府豎立的公里數指標，就不再出現，只剩黃色箭頭和貝殼指標的指引，所以走在這其中，經常有種前方路途無止無盡的錯覺，只能憑藉經過的時間、景觀和村莊，來推測走了多少距離。（其實，除了La Rioja自治區政府在每公里處設立指示牌，Navarra和Castilla y León自治區政府，只在一些叉路或重要地點設立指示路標，直到Galicia自治區才又有公里數的石碑，而且是每半公里就豎立一個。）

走了一個星期之後，除了克服男女共用浴廁、共住一室，還有野外方便等心理障礙，最難得的是，過去看到蠕動的蟲子就會恐慌起疙瘩的我，如今能鎮定的踏過地面無數的蟲子，這是走朝聖之路的最大突破之一。這也證明一個道理，當沒有退路只能往前走時，再怎麼根深蒂固的習慣或心理，當下都必須被迫克服，原以為的那些無可改變的狀態，不就是作繭自縛或庸人自擾，都是人性上最麻煩的自以為是，其實認真想想，沒什麼不能被打破的。

我很慶幸，一星期後的今天，看到田野小徑上滿地的小蟲，我已經能泰然自若地走過，而心裡不起波瀾。

這幾天，我同時發現自己還滿有長輩緣的（路上遇到的朝聖者，有很多是年紀稍大的人，五十歲以上跟以下的比例大約是七比三左右），大家遇到體型嬌小、外表看起來年輕的我，都會主動的問候和關心，所以，雖然是獨自一人，卻不覺寂寞。這也是這條朝聖之路的奇妙，祂似乎會讓人卸下心房，語言、文化和族群都不再是隔閡，一個相遇、一個微笑、一聲招呼，都會讓人覺得溫馨，陌生的距離一下子就可以拉近。

在朝聖之路上，不管是走路、騎車、騎馬或騎驢，每一個人都只有一個目的，那就是抵達聖地牙哥，完成自我的挑戰，縱然驅使自己走上朝聖之路的原因都不盡相同，但都是盡最大的力量，透過自己選擇的方式，一步步向前推進，直到獲取那心靈上美妙的果實。

人生不也是如此，起起伏伏、蜿蜒曲折，有挫折、也有歡樂，直到終點都不應放棄，才能活得開心、活得有意義。

今天路上遇到一位會說中文的德國人Michael，他有一個中文名字：魏明霞，有他陪著我用熟悉的語言聊天，在雨中沈重的步伐頓覺輕鬆許多，雖然聊天的主題仍不離台灣與中國的問題，不過偶爾有人可以聊天，暫時分散疲累的感覺也不錯，可是也會因為顧著聊天，而錯過不少美麗的風景，一得也是一失，魚與熊掌間果然無法兼得啊！我還是比較喜歡獨自前行。

才離開La Rioja不久，雨勢時大時小，接近Belorado時，天空像是倒水般，雖然身著雨衣，可還是擋不住雨水滲透和寒意襲來，還沒走進到村子裡，就在村莊前的第一間庇護所入住了。

這間庇護所離村子尚有段距離，附近沒有其他人家，加上下雨也出不了門，所以梳洗完畢後，從下午兩點多開始直到晚上，所有朝聖者全都聚集在庇護所附設的餐廳裡，吃飯、聊天、寫日記或上網，其實也不會太無聊，還好這裡有免費的網路可使用。雨霧鎖住所有的視野，望不出去的天地，很有遺世獨居的氛圍，可惜餐廳裡的嘈雜人聲，讓這樣的幻想無法成立。

隔天離開Belorado時，走進村裡才發現這是一個充滿色彩與魅力的村莊，沿著朝聖之路的主要街上，幾乎每張牆面都是有關朝聖的塗鴉，色彩鮮艷的畫風，讓小村莊顯得異常繽紛活潑，錯落的幾間小酒館，我想這裡應該是有著熱鬧夜晚的朝聖小村。

DAY 8.

約 25公里

BELORADO ~ SAN JUAN de ORTEGA

森林獨走的奇妙體驗

2013.5.10 上午陰天、下午晴
宿Albergue Parroquial，5歐元

早上起床，已無昨天滂礡大雨的跡象，在庇護所的餐廳吃早餐時，恰巧遇到前天幫我解圍的那位法國太太，她應該是還記得我，很友善的跟我打聲招呼，後來在路上又遇到他們，幾個人在路邊野餐，細心的鋪上野餐墊，有三明治、起士、咖啡和水果等食物，真是讓人羨慕，這些法國人連走朝聖之路，都要過得如此優雅。在庇護所又遇到時，這才知道他們會將主要的行李先寄送到下一個點，身上只背個人物品和途中的必需品，所以背包較其他朝聖者顯得相當輕便，只是要確保當天一定能及時走到目的地，否則應該會造成一些困擾吧。

所幸大雨並沒有持續到今天，出發時天色只是陰沈，不過經過一片片的麥田時，地面的泥濘證明了昨日雨量的充沛。經過第一個村莊Tosantos，附近山上有一間築在岩壁中的聖母禮拜堂（Emita virgen de la Peña），許多朝聖者走到這裡，都會選擇繞上山去禮敬膜拜，再回到朝聖之路上，途中經過時，我雖沒有上山，但仍透過相機的鏡頭留下紀錄。

走了大約十二公里，來到Villafranca Montes de Oca，從麥田中遠遠望見這個小鎮，佇立在青翠山谷中，色彩豐富的房屋，像是童話小鎮般，不過一走進它，假象瞬間破滅，因為這裡是國道旁的卡車休息站，道路上行駛的車輛車速相當快，這一段的朝聖之路，可能路基被大雨沖蝕，所以封路禁行，朝聖者必須走在馬路邊，當車子在身旁呼嘯而過時，感覺險象環生。

經過這個小鎮之後，就開始爬山進入森林之中，Montes de Oca的海拔從九百多公尺持續攀升至一千一百公尺左右，寬廣的麥田景觀變成綿延十多公里的溫帶森林。直到San Juan de Ortega，將近十二公里完全沒有任何休息處，除了風聲、鳥叫、蟲鳴，沒有任何聲音，只有偶而接近國道120時，遠遠看見疾駛而過的車輛，才讓自己醒覺文明其實就在不遠處。

位在Tosantos村莊附近，築在岩壁中的聖母禮拜堂（Emita virgen de la Peña），是許多朝聖者必然朝聖之處。

長達十幾公里的森林路徑，偶爾會遇見幾位朝聖者，但大部份時候都是獨自一人行走，所以當走在林木參天之中時，真會有天地之間唯我一人的錯覺，這種處於萬籟俱寂的孤寂感，是一種奢侈的享受。不過，後來查了一下資料，原來Montes de Oca這片濃密的森林，幾百年前曾經強盜、土匪肆掠，近代也曾是小偷的避難所，還好現在安全許多，沒有聽聞有壞事發生。另外，因為長達十幾公里都是森林，沒有任何落腳處，若是沒有準備足夠的飲水和乾糧，走在這段路上是相當危險的，現在回想起來，獨自走在這段路上，我想自己是太過膽大了。

經過第一座山峰Monjapan，有一處瞭望群山的三角點，可惜天候不佳，能見度不高，無法一眼望盡，隨後來到一處紀念碑Monumento a los Caidos，有些朝聖者在這裡短暫駐足為逝去者致哀和祈福，接下來從這裡到對面山頂的泥石路並不好走，陡直急下至河谷，然後又急升至山頂，這段兩公里多的山路，雖然我有兩支登山杖可仰賴，卻仍需採取「Z」字形前進，甚至上山時，必須倒著行走，還差點導致小腿抽筋，經過這一段山路之後，就很好行走了，而且，這時天氣突然變好，陽光從雲層中穿透而來。

因為沿途除了黃色箭頭和貝殼標誌外，並沒有公里數的指標，走在森林中又有時間停止的感覺，所以這一路上除了停下來解決生理問題外，完全不敢稍加停留。在近似急行軍的腳程下，才下午兩點多就抵達San Juan de Ortega，雖然是想走到Agés才休息，可是這十多公里的森林獨行，已經是讓雙腳負荷過多，縱使這間唯一的庇護所讓人覺得不乾淨，我也不想再往前走了。所幸除了床墊潮濕有霉味、衛浴牆壁和地板有污垢，並沒有許多朝聖者擔心的臭蟲，當然在不舒服的空間，很難睡得安穩。

這間教區宿舍的庇護所雖不甚乾淨，旁邊的餐館也是村裡唯一用餐的地方，不過坐在廣場曬太陽、喝啤酒，倒是很享受的事情。等待用餐的時間裡，和來自各地的朝聖者喝酒聊天，今天在庇護所遇見的熟面孔，除了會說中文的魏明霞先生，還有在Logroño同住的Sarah，當Sarah正在處理她腳上的水泡時，大家非常好奇我的雙腳為何都沒事，研究了老半天還是無解，只能說天時、地利、人和正好都符合，是上天要讓我平安順利地走完這一趟旅程。

餐館的伙食意外地美味，分量十足又便宜，因為規定用餐時必須四人一桌，所以我的午餐和晚餐，就跟不同的人同桌而食，午餐是與三位來自西班牙南部的長者同桌，他們都是某個天主教團體的成員，席間他們對我的非信仰而走，感到無法理解。晚餐則是和魏明霞及兩位法國和澳洲的新朋友，他們點了一種叫做「Carajillo」的咖啡調酒，是很典型的西班牙飲料，黑咖啡加上白蘭地、或威士忌，有些地方是加入Chopi to之類的烈酒。因為，服務生實在聽不懂他們的發音，於是我再次充當翻譯，幫忙點了三杯，而那位服務生因為感謝我的協助，多調了一杯要請我喝，基於不好拒絕人家的好意，勉強自己喝了一口，但那味道實在是太嗆、太苦，只好被我浪費了。

大家都不願太早回到庇護所，就在餐館裡聊到快十點要關門才離開，這是我最後一次遇到魏明霞先生，許多人都說一個星期是決定繼續或放棄朝聖之路的關鍵時間，感謝他在這個時候出現，用我熟悉的語言陪伴我度過這個階段，這應該是我朝聖之路上的另一位天使。

晚上終究要回到庇護所休息，在令人不舒服的地方睡覺，最好的解決方式，就是把自己埋進睡袋裡頭，不接觸到睡墊一丁點，雖然還是擔心會被臭蟲咬，不過仍不敵睡意來襲，而我竟然能夠就這樣睡著了，人的適應潛力的確可以發揮到極致。

走上朝聖之路前，我在網站查到的相關資訊，大家會遇到的情況不外乎是起水泡、扭傷、肩傷，以及迷路、被野狗追、臭蟲咬，還有遇到一些怪人或騷擾。不過，除了前幾天遇到的那次輕微騷擾外，我這一路上可以算是無災無恙，尤其是身體一出現狀況，也都奇蹟似的自癒，這實在是無法解釋的好運，也只能萬般感謝天地的庇佑。

Montes de Oca這段長達12公里左右的森林路徑，除偶爾相遇的朝聖者外，杳無人煙。

DAY 9.

SAN JUAN de ORTEGA 約 30公里 BURGOS

第一次
失去朝聖的方向

2013.5.11 天氣晴朗

宿Hotel Abadia，36 歐元

（因為位在朝聖之路上，所以有提供朝聖者住宿的價格）

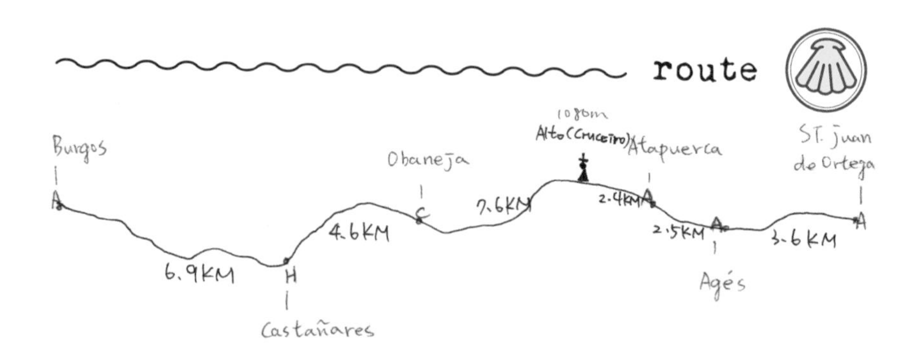

一早醒來精神還不錯，也沒被臭蟲咬的跡象。因為這裡什麼都沒有，所以七點前就已經整裝出發，希望能儘快走到Agés吃個早餐，果然在迫切的生理需求下，走起路來特別快速，將近四公里卻不到四十分鐘就完成了。

出發時天氣很冷，因為沒有溫度計，只能用身體感覺，應該是這幾天最冷的早晨。這時還沒有料到，這天之後，早晨的氣溫竟然會越來越低。因為空氣太過冰涼，必須把所有的衣服穿在身上禦寒，從潘普洛納之後都還能應付的薄外套，已經漸漸不足以保暖，還好中午過後進入Burgos省界，陽光出現氣溫就上升了，有誰能預料五月中旬的氣溫會比上旬更冷。

在Agés用過早餐後，終於可以氣力飽足的上路。途中經過保存著一百三十萬年以上人類化石的小鎮Atapuerca，這裡據說也是歐洲古生物最豐富的地點，可惜因為時間太早，還有必須趕路，無法在此停留參觀。

穿越Atapuerca之後，爬上一處礫石坡地，遍佈參雜貝殼化石的石礫草坡，由此可觀出歐洲大陸確實是一塊古老的大地，附近有個牧場，應該是放牧羊兒的好地形，此時上山正好碰到牧羊人趕著羊群要去吃草，眼前數百隻羊與

標高1050公尺的高地Cruceiro的十字架旁，朝聖者們用石頭排列成代表永恆的圓形圖騰。

兩三位騎車的朝聖者爭道，真是一幅自然好畫，孰勝孰敗，高下立判！

登上標高1050公尺的高地Cruceiro，在十字架旁的空地上，不知何時開始，出現朝聖者們用石頭排列成代表永恆的圓形圖騰，雖然自己本身並非教徒，但是在這裡看到這樣的景象，心裡也不由得沈靜、肅然起來。

沿著Burgos機場邊的圍籬行走，處處都有嚴禁跨越、誤闖的警告標示，將近四公里的距離，頭頂著大太陽，沒有任何遮蔽處，以致於完成這段路後，我在進入Burgos前的小鎮休息許久。從這裡開始，朝聖古道和公路並行，身旁呼嘯而過的汽車，讓這一段路走起來相當的吵雜與不適。經過機場之後，沿著國道120走到加油站附近，進城前突然不見任何朝聖之路的標示，貝殼和黃色箭頭不見蹤影，此行首次也是唯一一次的失去方向，突然就發生了，還好朝聖之路必定經過舊城區，所以再怎麼大的城市，只要找到舊城區，就能找到朝聖之路的方向，這是絕對要記住的準則，於是，邊問路人邊往舊城而去。

下午兩點左右進到Burgos舊城裡，卻沒想到這麼早的時間，別說庇護所，連民宿、旅館、飯店都已經客滿，花了一個多小時來來回回的尋找，還是無法找到住宿的地方，幸好遇到來自美國的一對夫妻Greg和Petty，他們也正在尋找落腳處，靠著他們手上較為詳細的朝聖指南，最後問到城外近四公里處的一間飯店還有空房間，雖然有提供朝聖者入住的價格，單人房還是要三十六歐元，比起這幾天都在十歐元以下的住宿費用，貴了許多，但這也是沒有辦法的事，訂好房間後，大家就馬不停蹄地往飯店的方向前進。

午後四點，這時雙腳已經痠痛不已，再加上沒時間吃午餐，肚子已經唱空城許久，可是這幾位新朋友似乎不想先吃個東西，我也只好繼續拖著沈重的步伐，跟著他們前進，希望能早點抵達飯店，不過跟著人高馬大的西方人，走起來還真吃力，他們一步的距離是我的兩三步，唯一能跟上腳步的方法就是徹底忽略雙腳不斷發出的哀嚎。

這裏是Burgos大學所在地，校區位在道路兩側，感覺範圍相當大，不過疲累的雙腳不容許我到處去閒晃，在飯店附近找了間學生聚集的小酒吧，點了杯紅酒和幾樣Tapas，祭完五臟廟，就回去休息了。

因為飯店離城裡有段距離，若想進城去逛逛，除非是搭計程車來回，否則是件困難的事。不過，今天經過時的驚鴻一瞥，對Burgos留下深刻的印象，心裡覺得錯過這個美麗的城市，著實太過可惜，思量一下後，我決定在此多停留一天，除了看看這個城市，也順便讓身體休息一下。誰說朝聖之路一定要每天當個急行軍，偶而調整一下步伐也是必要的，畢竟目的是要走到，而不是走快。

下定決心之後，就立刻上網預訂住宿的飯店，找到一間十六世紀宮殿改建的飯店（Hotel Norte y Londres）位在舊城區的朝聖之路上。雖然明天可以早點到庇護所登記床位，可是考慮到自己並不是走路而來，真不好意思去佔床位，尤其在親身經驗過幾次無床可睡的危機後，最後還是決定把機會讓給苦行而來的朝聖者。

趁著飯店的暖氣夠強，是清洗衣物的大好機會，於是把登山鞋和所有衣襪都拿出來清洗一遍，住在庇護所時，因為水太冰、手沒力，衣襪都是隨便搓洗一下而已，甚至有時當天無法晾乾，隔天還必須掛在背包上讓它們一路風乾，有些庇護所有設置投幣式的烘衣機，雖說高溫可以殺菌，但是我還是無法放心使用。開心的刷刷洗洗之後，沒多久所有的衣服、襪子掛滿浴室，連沾滿泥濘的登山杖、登山鞋都被清理得乾乾淨淨。

有時，在朝聖之路上偶爾享受一下世俗的物欲，是必要的。

DAY 10.

BURGOS 〜〜〜〜〜〜〜〜〜〜〜〜〜〜 BURGOS

國土復興運動英雄熙德的故鄉

2013.5.12 天氣晴

Hotel Norte y Londres，44歐元。

（有提供朝聖者入住的價格，

但是我是用在Booking網上預訂的價格入住）

route 

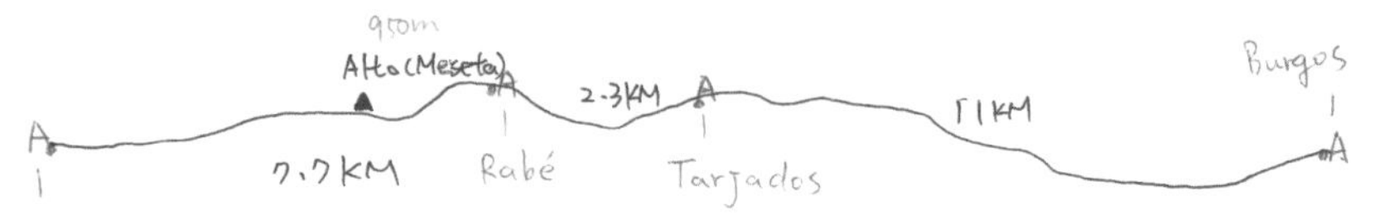

因為中午過後才能入住飯店，所以今天起得很晚，舒舒服服的睡到九點多才醒來，感覺九天來的疲憊一掃而空，神清氣爽的宛如才剛要出發，當然雙腳還是痠痛的，一點都無法欺騙自己。因為今天不打算走路，於是將近中午十二點才退房，順便請飯店的櫃台人員幫忙叫計程車，準備搭車回舊城區。

幸好昨晚決定後，就立刻上網預訂房間，因為今天中午到飯店登記入住時，櫃檯人員說房間已經客滿了，我應該是搶到最後一席。直到昨天為止，已經累計走了將近兩百四十公里，尤其昨天為了尋找住宿的地方，始終都沒有停下來休息，身體實在是太過疲累了，休息一天是正確的決定，在這條需要保持身體安好的路上，不宜太過逞強。因應身體狀況而調整進度，是朝聖之路上必要的考量，否則未來還有超過三分之二的路程，恐怕體力上將無以為繼。

午餐連吃兩間餐館的pintxos（也就是tapas），看起來也是受到巴斯克飲食的影響，肉串和海鮮都是現場用新鮮食材料理，雖然單價較貴但是相當美味，配上一杯紅酒和白酒，愜意而滿足的享受。下午的時間，就在城裡閒逛中度過，還走上山去看一下Burgos城堡，從這裡可以眺望市區全景。

今天的陽光強烈耀眼，卻只是唬人的假象，風吹襲而來的空氣，冷冽到穿著羽絨衣還是覺得瑟縮。

▌在Castillo de Burgos（布爾戈斯城堡）前的瞭望台眺望古城區。

在歷史古都漫遊，感覺相當美好。Burgos是一個相當潔淨明亮、熱鬧活潑、又擁有美麗文化的城市，典型的西班牙北方城市，它的舊城區相當迷人，哥德式大教堂已經被列為世界文化遺產，是西班牙的三大教堂之一，與Toledo和Sevilla的大教堂並列，尤其這裡也是西班牙國土復興運動英雄El Cid的故鄉。

歷史是這麼發展的，西哥德王國為伊比利半島帶來天主教文化，但是西元711年因為北非回教徒的攻擊，西哥德王國滅亡，隨後伊斯蘭文化開始影響伊比利半島近八百年，在這期間，天主教徒的國土復興運動從未止息，甚至在十一世紀達到高峰，El Cid就是此時的英雄人物，在回教王國之間的爭鬥中，死守住瓦倫西亞，也征服了另一隻回教軍隊，隨後與卡斯提爾國王達成和解，成為瓦倫西亞的領主，也成為基督教徒心目中的英雄，除了大教堂裡有他的墓碑外，現在Burgos仍有多處以El Cid命名的紀念碑。

選擇在這裡多停留一天，是相當明智的決定，當站在山上俯首瞭望這座城市時，懷想著這座北部大城的過去風光與現代風華，歷史縱深在自己腳下展現驚人的風采，這些應該都是讓我一再來到歐洲、來到西班牙的致命吸引力吧！

Catedral Burgos這座哥德式大教堂已經被列為世界文化遺產，是西班牙的三大教堂之一。

Catedral Burgos（布爾戈斯大教堂）

從Pamplona出發，經過城鎮村莊，越過山巒野壑，走過平原高地，才短短九天，已經看過無數美麗的景色，這是朝聖之路上的獨特喜悅和收獲，而往後的每一天，直到聖地牙哥，再怎麼疲累的身軀、痠痛的雙腳，都無法阻礙我浸淫在這樣的幸福之中。

今天的休息，是為了走更長遠的路，路上可能會發生許多難以預期的狀況，導致無法按照既定的規劃前進。獨行的好處就在這裡，你不需要向別人說明、解釋為何要調整或改變計劃，也不需要處理因為意見不同而可能產生的情緒。我以為，朝聖之路是一條適合獨自行走的道路。

這幾天因為專心走路，讓過去一向緊繃的神經得到放鬆的機會，每個步伐都是踏穩前進，勇敢地拋棄怯弱、面對陌生、走向未知，學會了一切順勢而為、不躁進求快。

這條路讓自己認識到自己，原來我可以接受那麼多的可能性，於是過去自我設限的框架，就這樣慢慢地、慢慢地卸除了……。

明天就要正式踏進有著無盡麥田的高原（Meseta），即將走過的200多公里麥田，是Castilla y León自治區的糧倉，而我對那片黃土礫石遍佈的蒼茫大地，有著無比的懷念。2006年我首度踏上西班牙土地，第一個落腳處就是Castilla y León自治區的Salamanca，住在那裡的兩個月，遊歷了幾個主要的城鎮，火車經過看似荒涼貧瘠的土地。

對於許多朝聖者來說，這片麥田可能顯得單調且無聊，對我來說，這片赤色大地是有著無比生命力的蒼涼有勁的一幅畫。我期待著能置身其中，享受天與地之間的無痕接軌。

DAY 11.

約 21公里

BURGOS ～～～ HORNILLOS del CAMINO

不好意思，我來自台灣！

2013.5.13 天氣晴
宿Albergue Municipal，免費

route 

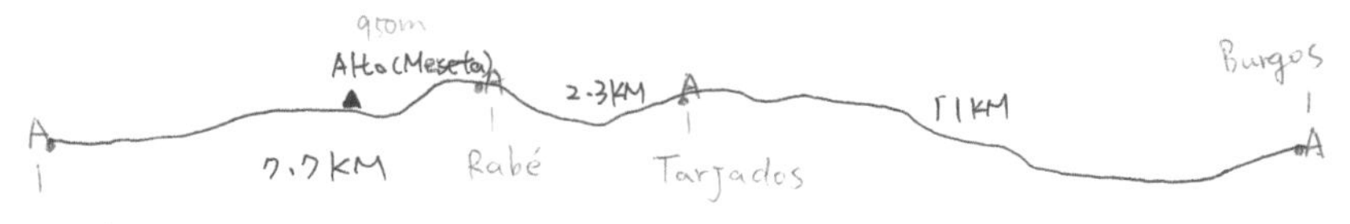

經過兩夜的充分休息後，精神和體力恢復到極佳的狀態。出發時的好天氣，讓我滿心雀躍、腳步輕鬆的迎向梅塞塔（Meseta），走了七公里左右，來到VillaBilla附近，西班牙國鐵的鐵軌橫臥在眼前，擋住與之平行的梅塞塔，經過橋下的涵洞之後，尚在八公里外的梅塞塔就映入眼簾了。

繼續前進往Tarjados前，天氣已經炎熱許多，經過一小片樺林木，稍稍遮擋了陽光直射的熱氣。從Tarjados之後，到進入Meseta前的最後一個小鎮Rabé的這段上坡路，大部份是和汽車道路共用，雖然經過的車輛不多，但朝聖者仍必須時時注意著後方來車，經過這幾個古樸典雅的村莊，宛如置身中世紀般，午時的陽光、靜謐的空間，彷彿歲月不曾在此挪移。

從這裡之後的房屋建築逐漸以簡單實用為主，和先前相對典雅、精緻的建築風格差異極大，有時經過一些村落，殘破老舊的景觀，更有許多待售、或荒廢的屋子，甚至在中午時分整個村子看不到半個人影，明顯看出西班牙的貧富差距與經濟蕭條。

迷迷糊糊地走進了這片黃土高原，說是黃土高原也不對，因為五月天的土地上，放眼望去，麥田像是綠色地毯般，無邊無際地鋪展到天際，藍天與綠地幾乎是這片大地的主要色彩，只有沒種麥子的土地上，看得出這裡原是蒼勁的荒野。

當不知不覺進入藍天和綠地的世界時，相機尚無法捕捉那樣的寬闊意境，這是你親自來一趟，也無法形容的景色，

古老的扇貝標記，是這條千年古道的明確指引。

可以想像當秋天麥子成熟時，如黃金海浪般的麥田，或若是酷寒的冬天到來，裸露的黃土礫石所呈現的一片荒蕪。許多朝聖者都將梅塞塔這段視為辛苦而單調的路程，在我看來，這樣四季分明的景色多麼的壯觀而美麗！

約下午兩點時分，就抵達落腳處Hornillos del Camino，這個村莊也是小到只有一間庇護所、一間餐館和一間雜貨店，而且除了這三間房子的人之外，整個村莊裡宛如只有朝聖者，居民都不知道哪兒去了。

雖然時間還早，不過在我登記之後沒多久，床位就滿了。這間庇護所雖然是公立的，卻不需要費用，問了一下管理員，她說每天兩點多就已經沒床位，而且今年五月的朝聖者比往年還要增加許多，聽起來相當不妙，在Burgos也是早早就沒床位，看來越往前走朝聖者越多了。

不過在登記床位時，卻發生了此行唯一一次的國籍爭議，當管理員要將我登記為CHINA時，我立刻跟她說：『不好意思，我來自台灣』。雖然她按我的要求寫上TAIWAN，可是仍固執地括號加註CHINA，並且強調她必須根據政府規定，如實填寫護照上的國籍，這是朝聖之路上，唯一不將我的國籍登記為TAIWAN的庇護所，不過那位媽媽態度很好只是固執，我也只能苦笑地看著她記錄，遇到這樣難以解釋的情形，真的頗感無力與挫折。

每次出國旅行，我的行李上一定掛著「I come from Taiwan」的牌子，就是希望大家一眼就能看到，不需要多做說明。這次也一樣，我將牌子掛在背包的提袋上，明顯的位置，清楚地識別，這是我愛自己國家的行動展現。通常遇到有興趣了解我來自哪裡、台灣與中國關係的外國人，我都會直接說明，我來自台灣，台灣是一個國家，雖然在國際政治上，許多國家不承認，但是台灣有自己的憲法、土地、人民、總統和選舉。

現今的中國從未統治過台灣，憑什麼說台灣是中國的一部分。 我相信，如果每一位遇到或認識外國朋友的人，都能透過類似的經驗，讓更多外國人知道，台灣和中國是不同的，而且台灣人非常在意這一點。那麼，在大家的努力下，「台灣」自然會讓更多人認識。

因為這裡只有一間餐館Casa Manolo，所以午餐和晚餐都在這裡解決，住在這裡的朝聖者都聚集到餐館前的廣場曬太陽、寫日記，不過才坐一下子，就已感受到梅塞塔豔陽的熱力，可是坐在陽光下太曬，挪到陰涼處卻又偏涼，真是過與不及的尷尬。

因為在Burgos多停留一天的緣故，今天已經看不到熟悉的面孔，只有在路上認識的兩位新朋友，來自瓦倫西亞的Venessa和法國普羅旺斯Lambesc的Henri，他們原本是語言交換的網友，後來才進一步交往，現

朝聖之路必經的高原（Meseta），將近200多公里的無盡麥田，也是Castilla y León自治區的糧倉。

在Venessa搬去法國跟Henri一起住，聽他們說著自己的愛情故事，感覺歐洲真正是地球村，國界之間的往來稀鬆平常，就像是從台北到高雄那樣的簡單。因為這個村莊只有一間餐館，所以大家被要求必須三至四人先登記等候，再按先後順序被安排入座，今天很幸運地和兩位新朋友共桌同食。

我點了一份牛排套餐，沒想到居處窮鄉僻壤的餐館，食物竟然很美味，前菜是歐洲的名菜白蘆筍，讓十歐元朝聖者套餐顯得奢侈，突然覺得自己在朝聖之路上吃得真好。而且直到今天，所吃到的餐點，或是喝到的葡萄酒都頗有水準，並沒有碰到地雷餐，有些朝聖者竟會吃到不乾淨、或難吃的餐點，運氣實在不怎麼好。朝聖之路上，連食物都讓我驚喜，這不是幸運什麼才叫幸運。

DAY 12.

約 21公里

HORNILLOS del CAMINO ～～～～ CASTROJERÍZ

行走在非藍即綠的世界裡

2013.5.14 天氣晴

宿Albergue Casa Nostra，私人，7歐元

route

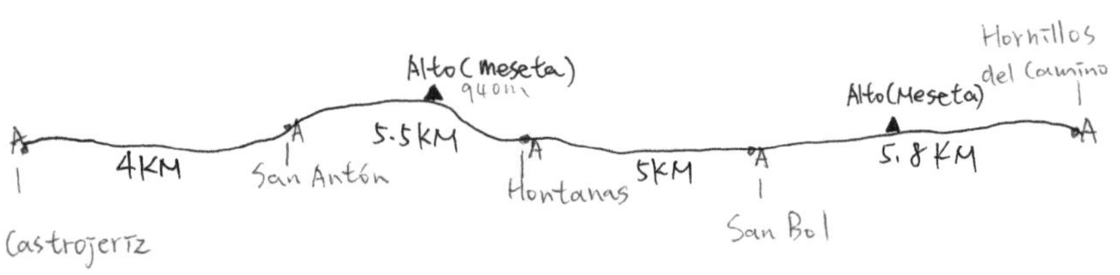

早上出門時，這個村莊一片死寂，似乎只有朝聖者存在，只好徒步到十一公里外的Hontanas吃早餐，連續走將近三小時，終於在十點前抵達用餐，前進的速度又創下新的紀錄。一路上因為太餓，也只敢喝一些水、吃幾塊餅乾，稍稍止渴、止飢，不敢太放肆享用，以免沒有地方補充乾糧、飲水。

往Hontanas途中會經過San Bol這個被樹林圍繞的庇護所，是間朝聖之路上很受歡迎的庇護所，聽說有提供早餐，但路過時才知道它不是位在朝聖之路旁，而是要繞進麥田裡走一小段路，為了不確定的早餐，彎進去再繞出來，似乎有點冒險，所以我毫不考慮地繼續往前走。

今天天氣之好，除了偶而飄來的幾片雲朵，幾乎是走在藍綠的世界裡，純粹而乾淨的享受。不過高原溫差很大，適合洋蔥式的穿法，出發時約不到十度的寒風刺骨，才過一小時，溫度大約回升五度以上，再過一小時，又回升了五度以上，只需穿著單件長袖排汗衫即可。

進到Hontanas，跟之前網路上查到的印象不同，乾淨的街道、清新的空氣，住宿的地方不只一處，而且餐館也不少。經過Hontanas之後，植被產生一些變化，除了麥田外，這段路多了些樹木、灌木叢、及野花來點綴，途中又見蜜蜂嗡嗡嗡地飛來飛去，那些朝聖者們描述，在朝聖之路上常常遇見的翩翩蝶舞，還是堅持不來與我相會，難道是季節不對嗎？

抵達Castrojeríz之前，會經過十五世紀的修道院San Antón，同時也是朝聖者醫院的文化遺跡。這座哥德式拱門如今還屹立著， 現代的馬路就從曾經是教堂前廊底下穿越而過，像是一座連接著歷史長河的空中之橋，看顧著無數來去的人們。

Castrojeríz是一座順山而建的狹長小鎮，兩側的距離約兩公里。大概下午一點就進入鎮裡，走了約一公里後，才來到小鎮的中間點，有間私人的庇護所Casa Nortra，一床七歐元，雖然往下走到小鎮的另一端，還有兩間屬於公立和協會的庇護所，但為了確保有地方住，就趁著還有床位

15世紀的修道院San Antón，同時也是朝聖者醫院的文化遺跡。如今被現代公路從曾是教堂前廊的哥德式拱門穿越而過。

趕緊入住了。這幾天的經驗累積，大概下午兩點過後就會住滿，在大城市或許有比較多的選擇，但在鄉間我不敢冒險。今天的庇護所雖然是一棟老舊建築，不過有木造房子的獨特風味，重點是窗外的景色非常棒。

這個小鎮除了較狹長外，其實腹地不大，但是繞了一圈，就有四間建造雄偉的教堂，可以想見過去曾經存在的輝煌，只是如今鎮上呈現沒落的景象，沿著主要街道兩側，有許多待售的房屋、傾頹的建築，而這樣的景象，在往後經過的村落處處可見，見微知著，西班牙的經濟問題的確非常嚴重。

坐在La Taberna餐館前，享受午後的陽光照拂，溫暖而舒服，在廣場上曬太陽、寫日記，這已經是這幾天的基本作息，除非是下雨天。

今天捨棄紅酒，改喝白酒，原因是昨天一對來自澳洲的夫妻，向我極力推荐西班牙的白葡萄酒，要我一定要試試看。今天一試之下，果然驚艷，果香濃郁之餘，竟還有豐富的層次，而且是我喜歡的干型白酒，喝起來一點都不單調。

Castrojeríz雖然不再繁華，但景色依舊迷人，呆坐在廣場上，看著藍得不可思議的天空，襯著幾朵白雲，還有黃土高地的蒼涼，寫完日記，發個小呆，令人覺得慵懶且恬靜。當然，這片看似生機盎然的大地，其實是艱辛刻苦的，住在這裡的人，上天應該有賦予他們更多樂觀和知足的天性，才能在這裡生養。

今天仔細地計算一下進度，距離Santiago de Compostela還有將近四百五十公里，依照目前的腳程，可能還需二十天才能完成，再加上無法預期的天氣因素，速度可能會更慢，這樣要在預定時間內走完全程（原本希望在五月三十一日前走完），已經是不可能，而回程飛機時間是六月四日上午從馬德里起飛，機票的條件限制是回程時間不可更改，心裡的壓力實在很大，當初的確只認為走路沒問題，卻沒有考量到床位和天氣的變數。

所以，為了讓自己能放心地行走，決定跳過一些路段。趁著餐館有免費WIFI可以上網，大約查了西班牙國鐵的路線和時間，正好明天預計抵達的Frómista有火車經過，可搭區域性的普通車到Palencia，再轉搭特快車ALVIA到León，比起其他地點，這是最好的跳點。於是，決定跳過剩下一百二十公里左右的梅塞塔，直接從Frómista搭火車到León，節省四至五天的時間，就能在預定時間走到Santiago de Compostela。（這時完全沒有預料到因為這個決定，會讓自己在León出發那天，跟Pierre、Alex重逢，還認識José，因為與這三個朋友的同行，讓自己抵達Santiago de Compostela的時間，不僅沒有延遲，甚至還提前了兩天。）

我的體悟是，為了讓事情順利進行，其實可以放掉一些無謂的堅持。

DAY 13.

約 26公里

CASTROJERÍZ ～～～ FRÓMISTA

這一次，換我當別人的天使！

2013.5.15 上午陰雨，下午天晴
宿Albergue Municipal，7歐元

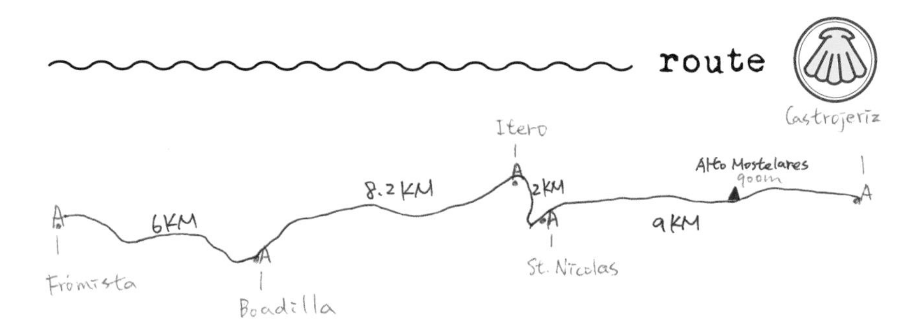

▍穿著夾腳拖走朝聖之路的初生之犢LILY。

一早起床，望著窗外的陰霾，昨天的艷陽似乎是夢幻一場。七點出發時已經下起大雨，是這些天來最大的雨勢，我的斗篷雨衣第三度上場。

出城後沒多久，就遇到一處梅塞塔隘口，在溼冷的天氣中爬坡，又是水泥路，實在非常辛苦，當走到最高點時，已經出了一身汗。因為下雨的關係，麥田間的泥土路，被許多朝聖者踩踏過後，更加泥濘不堪，完全沒有立足之地，為了避免滑倒受傷，只好踩進麥田裡，才能往前走。雙腳踩在綠油油的麥田裡，心裡有種罪惡感，只能相信它們的生命力，不會脆弱到被那麼多人踩躪後，從此無法迎風招展。

既然決定明天暫離朝聖之路，今天走起路來就感覺很輕鬆，心理果然會影響生理，不過，卻遇到一段這幾天最難走的路面，通過這一段之後，更是身輕如燕。今天在St. Nicolas教堂遇到此行第一個、也是最後一個台灣人，是來自靜宜大學西文系的交換學生，她趁著回台灣前，也是一個人來體驗朝聖之路。St. Nicolas教堂是一個提供朝聖者歇腳的教堂，教堂貼心地提供給朝聖者們免費的咖啡和茶水，朝聖之路上有些教堂都有這些體貼的服務。

Lily是這個女孩的名字，她是從Burgos出發，打算走到Santiago de Compostela。剛遇見時，她腳上穿著夾腳拖，背上的背包顯得很沈重，一問之下，原來她完全不知該如何打包行李，也不會自己停整背帶，至於穿夾腳拖，是因為雨天怕布鞋濕掉，瞭解她的情況後，令人更加擔心。

在我遇到她之前，原本有兩位德國大叔跟她同行，不過當他們知道我是Lily的同鄉後，就跟我們告辭先行了，他們之前是擔心小女生會有狀況，才會一路上照顧她，但畢竟是外國人，並沒有辦法關照那麼多，也不知道她根本不懂背包該如何調整。Lily決定跟我一起走到Frómista，我們繼續走了一段距離後，來到一個小鎮Boadilla del Camino，天氣也終於放晴，於是勸她換上布鞋，並幫忙調整一下她的背包，重新上路時，她很開心地覺得較之前輕鬆許多。因為明天我們就要分開，所以在今天之內，教會她如何正確地整理背包，和調整背負系統，是我唯一可以幫忙的地方，接下來，只能靠她自己的運氣了。

從Boadilla del Camino出發到Frómista這一段路，有將近五公里是沿著Castilla運河而行，運河旁的景致相當美麗，可惜遇到一群高中生來郊遊，應該是班級老師帶他們來體驗一小段朝聖之路，沿路一直被誤以為是韓國人或中國人，更正老半天，確定他們不知道台灣，只好放棄了。擺脫不掉這近百人的年輕隊伍，那過分喧鬧的聲浪，是朝聖之路上難得的景象，直到進城前的運河放水閘門附近，這群小鬼頭們才搭上遊覽車離去。而從這裡進城，就必須跨越閘門上方的鐵製通道，當我可以穩穩地站在上頭，並且拍下運河放水口的珍貴照片時，我又一次克服了自我的局限，這次是對高度的恐懼。

從Boadilla del Camino出發到Frómista這一段路，沿著將近五公里的Castilla運河而行。

昨天還在藍天綠地悠然行走，今天卻是烏雲籠罩逆風前進，這就是朝聖之路上千變萬化的風景之一，每天欣賞著迷人的景觀，是此行最棒的享受。

將近二十六公里的路程，六個半小時完成，雖然因為天雨路滑，速度上並沒有落後太多，可是身體反應的疲累卻明顯增加。下午兩點多抵達庇護所時尚有床位，不過才安頓好下樓要去吃飯時，才半個小時，床位又滿了。

Frómista並不是個特別迷人的小鎮，但是庇護所旁的聖馬丁教堂，這座十二世紀的修道院是西班牙珍貴的歷史遺產之一，保留著相當完整的早期羅馬式建築，顯得格外獨特與美麗。坐在咖啡廳點一杯紅酒，望著這座記憶歷史與宗教的建築，佇立在濛濛細雨中，感受著朦朧的美感。

回到庇護所，花了半個多小時，終於教會Lily如何打理背包和調整背帶，背包的體積明顯小了一半，背負起來的重量也減輕許多，當她第一次完整的練習完時，我終於能夠放心了，畢竟若是以她原本的方式，應該再撐兩天肩膀就會受傷了吧！因為自己一路上都受到照顧，如今能夠幫助別人，又是自己國家的小朋友，真是一件開心的事情。我想，就像那些幫助我的天使們，我應該是上天派到她身邊的天使。

兩百公里的梅塞塔麥田，我只完成二分之一不到，不過這個藍綠、黃灰的大地，已經讓我感受到大自然的力與美，不論是萬里無雲的晴空、暴風雨前的陰霾、還是細雨迷濛的灰沈，襯著宛如世界盡頭的地平線，都能滌淨心中的雜念，專心一致的呼應它。可惜現在不是秋收的季節，否則眼前無邊無際的綠毯，會是令人讚嘆的黃金海浪。

來到Frómista，氣溫明顯更低了，晚春的五月，該是越走越溫暖才對，沒道理會越走越冷啊！這天氣真是太奇怪了。因為接下來進入Galicia自治區，天氣變化更大，尤其會有幾天在群山之中行走，溫度可能會更低，所以明天到León時，必須買件防風保暖的登山外套了， 保暖是確保平安的首要之務。

12世紀的聖馬丁修道院是西班牙珍貴的歷史遺產之一，保留相當完整的早期羅馬式建築。

DAY 14.

搭火車

FRÓMISTA ～～～ LEÓN

暫時離開一下朝聖之路

2013.5.16
宿Hotel Paris

route

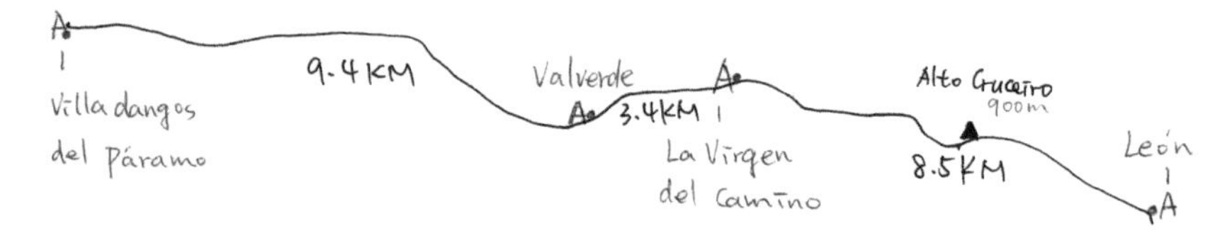

▎從Frómista的火車站月台欲搭乘火車離開的朝聖者們。

早上的Frómista氣溫相當低，大概零度左右，呼出的氣在空中形成一縷縷的白煙，站在空曠的月台上等車時，置身足以將身體凍成冰柱的冷冽中，驚覺身上穿著的外套實在太過單薄，冷颼颼的直打哆嗦，幸好還有開著暖氣的候車室，這是座無人火車站，也沒有購票的機器，因此，到Palencia的這一段區間車，必須在火車上向列車長購票。抵達Palencia之後，距離搭乘ALVIA到León還有三個半小時左右，於是，有了去逛逛這個城市的機會。

Palencia也是典型的北方城市，有乾淨整齊的街道，高雅細緻的建築風格，從羅馬式建築到現代式大樓，上千年的歷史交錯在街道的兩旁，在街口、在轉彎處，豎立著居民們生活意象和人物的雕像，為城市增添些許人文的趣味。或許不是在朝聖之路上的關係，這裡的居民對背著沈重行囊、穿著略顯狼狽、鞋子還沾有泥濘的登山客打扮的我，大都抱以疑問、探究的眼神，而非鼓勵、友善的目光。在這都市叢林中，聽不到熟悉的招呼語，真切感受到北方人們那有禮但疏離的態度，與熱情大方的南部有著顯著的差異。在舊城區大略逛了一下，就決定放棄，一來是天氣實在很冷，二則背著十來公斤的背包逛街相當不智，所以還是乖乖回到火車站等車。

在火車站候車時，遇到好多位朝聖者，都是要前往León，有些人跟我一樣，跳過了Frómista之後的那段路，有些人則是剛要從León開始走，至於如何區分，其實看身上的背包、鞋子、和登山杖的汙損程度就可得知，一身乾淨清爽的，就是剛要開始的朝聖者。

西班牙國鐵的ALVIA，是我覺得不輸AVE的長途特快車，速度和準時度相當優異，但價格較可親，車廂寬敞、乾淨、舒適，在西班牙幾次搭乘的經驗都相當愉快。沒想到，當我回台灣兩個月後，ALVIA列車竟在聖地牙哥城外發生嚴重的火車脫軌意外，造成二百多人的嚴重死傷。

下午四點左右抵達León，溼冷的天氣催促著我趕緊購買防寒的衣物。今天在戶外用品店挑選衣服時，店家知道我是朝聖者，熱心的上網幫我查未來幾天的天氣預測，幸好有他的熱心，我才能知道Galicia的山上正在下雪，

哥德式的León大教堂。

而且未來幾天都可能是雨天。因為他知道我是一個人行走，特別提醒我，若遇到惡劣的天候，尤其是多山多雨的Galicia，千萬不要逞強，看是留在原地或往回走，最好是上山前再瞭解一下天氣。為了有足夠的保暖裝備，除了登山外套外，還多買一件中層保暖衣，還好，我的運氣一直持續著，在越過群山的那幾天，氣溫雖然偏低，卻都沒有下雨，而且天天享有陽光的照拂。

將近晚上八點，雖然天色還很明亮，不過下雨讓氣溫低到九度，並且持續下降中，問了當地的居民，都說今年的天氣比往年冷，尤其日夜溫差更大，異常的氣候也造成他們的困擾。寒冷的天氣無法讓人在戶外久待，吃完晚餐就躲回溫暖的飯店休息，養精蓄銳等待明天，開始我的朝聖之路後半段。就如同我在Burgos停留時的想法，庇護所是留給辛苦的朝聖者，今天沒有走路的我，不該去佔用可貴的床位。

León是Santiago de Compostela之前最後一個大城，最具代表性的是富麗堂皇的哥德式大教堂、還有歐洲保存最完整的羅馬式教堂San Isidoro。走在充滿歷史的街道中，享受著不同歷史建築的美麗與哀愁。每次來到歐洲面對這些俯拾皆是的歷史，我常常在想，相對缺乏歷史記憶的台灣人，需要非常努力且艱難地，尋找、維護那片片段段的記憶與存在，是多麼的令人感傷。

從Burgos開始，我發現到一個現象，路上偶而會遇見一些背著簡單背包，輕鬆行走一小段路的朝聖者，越往後走這樣的情形越多，原來這條路的觀光價值已經被發掘，這十幾年來西班牙政府和民間業者大力推動，提供觀光客體驗朝聖之路的行程，車子先將人載到A地放下，然後開到B地接人，旅客只需要背著飲水和一些私人物品從A地走到B地，輕鬆而愜意，反正目的不是要拿證書。其實，若不是矢志要完成朝聖的壯舉，純粹只是想體會一下朝聖之路上的感覺，是可以利用這樣的方式去嘗試。

而有些不自苦的朝聖者，則選擇將行李委託運送，從今天離開的庇護所寄送到當晚預計入住的庇護所，當然運送必須費用，我在之前遇到的那對法國夫妻就是利用這樣的方式，他們的身上只背著當天路上必須的物品和糧食，這也讓他們可以輕便而優雅地行走。

DAY 15.

約 22公里

LEÓN ～～～～～～～～ VILLADANGOS del PÁRAMO

有人同行
其實還不賴

2013.5.17 天氣晴

宿Albergue Municipal，5歐元

route

早上氣溫很低，而且不住在庇護所，於是人類的惰性就反映在我出發的時間裡，上午九點半才出發。經過大教堂前，回頭拍下這棟美麗的哥德式建築，此時迎面而來的三位朝聖者，其中兩位是之前曾經遇見的Pierre和Alex，在第五天的Azofra分開之後，竟會在十天後的León重逢，緣份這東西真不可思議，不過，就在我走進去咖啡館時，大家又互道再見了。

這時還沒預料到未來的八天，我將得到他們的陪伴，使得在山區行走的這段路程輕鬆許多，因為每天的腳程加快、距離拉長，結果抵達Santiago de Compostela的日期反而提前了兩天。原本我以為跳過那麼長的距離，將不可能遇見先前認識的朋友們，卻在今天有了意外的驚喜，似乎在這朝聖之路上，冥冥之中，真有那一條牽引誰該與誰相遇的線呢。

離開León市區後直到La Virgen del Camino，將近六公里，都是和公路並行共用，有幾個路段甚至沒有行人專用道，這裡經過一些工業區、荒蕪的田野，還有許多廢棄的半洞穴房屋，這些房子可能是十九世紀發展礦業時留下的遺跡，聽說也是儲存葡萄酒的地方。

Léon西北邊的舊聖馬可士修道院，以前提供給朝聖者休息，現在改為西班牙國營旅館。

過了小鎮，才回到朝聖者專用的道路上，不過這裡出現分岔路口，兩個朝聖指標是直接噴漆在路面上，看起來似乎都是法國之路，不過後來查地圖才知道，往左是原始的法國之路，直走則是沿著國道120前進的替代道路。因為出發的時間太晚，路上都沒有碰到朝聖者，所以當我站在分岔路口猶豫不決時，後方來了一個巴西的老先生，他建議我直走較好，我看著他選擇這條路，也只好跟進了，雖然各走各的路，但好歹是個伴。

走了六公里左右，沿途經過兩個村莊，荒涼、破舊、貧窮是映入眼簾的印象，感覺像是被遺忘的角落。這段路走到後來，要不是偶而出現的貝殼標記，我都開始懷疑是否走錯路了，尤其經過San Miguel這個村莊時，巴西老先生突然停下腳步，聽不懂他的葡萄牙語，不過從肢體語言上可以猜出他走累要休息了。

從León出發後，除了中間停下來喝個水之外，我已經走了十五公里都沒有休息，可能是沿途的景觀實在蒼涼，缺乏停下腳步欣賞的誘因，就這樣埋頭苦行，經過San Miguel這個村莊的最後一間房子後，左手邊是一片原野，右手邊是高速公路，這裡是一望無際的道路延伸，這時候若要解決內急的問題，想找個隱秘的地方將完全不可得。

這一段將近十二公里長直線延伸的道路，前後望去的地平線上，看不到任何人跡，只有身旁國道120上奔馳的車輛，和路旁光禿禿的行道樹，伴我同行，依然趕不走心中倍受滿目荒涼引發的孤寂感。

就在充滿孤寂感時，回頭竟看見三位朝聖者出現在遙遠的後方，從移動的速度，看得出這幾個人的腳程飛快，當人越來越接近時，我著實嚇了一跳，因為居然是Pierre等三個人，雖然他們比我早離開León，我們卻又在路上相遇了，我想是因為有很多機緣巧合，才把大家又兜在一起。而今天我終於記住了這幾個朋友的名字，他們也是往後幾天陪伴我、鼓勵我的好夥伴。

網路上有許多朝聖者都提過自身的際遇，在朝聖之路上，該遇到的人一定會被送到你面前，或將你送到對方面前，不管依常理推論再怎麼不可能，再沒有道理可言，卻一定會發生。發生今天的重逢，我終於覺得這是真的，的確是上天巧妙的安排，無法預料，也無法計算，該遇見就會遇見。

有他們三位同行，讓原本已經疲乏的體力和意志力，重新灌注了能量。走到Villadangos del Páramo的庇護所時才下午兩點左右，不過他們決定在這裡休息，問我是否要和他們同住，我原來是打算走到下一站，但聽說San Martin是熱門點，所以可能我抵達時已經沒床位了，為求保險起見，最後決定今天就跟他們在這裡留宿。

這間公立庇護所的廚房可以使用，於是這幾位男生決定去買食材回來煮，並且邀請我加入他們，午餐、晚餐都是由José掌廚，簡單的白醬番茄義大利麵、蔬菜沙拉，豐盛而美味，為了表達我的謝意，在小鎮唯一的雜貨店，買了水果和最貴的紅酒來請大家，說是最貴的紅酒也還不到五歐元，可是酒體飽滿相當好喝。吃完飯後，整理桌面和清洗餐具這些工作，都是由男士負責，甚至之後的幾天，到酒吧或餐館時，都被這幾位男士服務，完全不需要自己動手，在朝聖之路上享受被照顧的滋味很不錯。

下午三點半，陽光還算刺眼，氣溫卻只有七度，梳洗完畢後，走到後院晾衣服時，冷到直發抖，這時很慶幸昨天買了保暖衣和外套，否則這樣的低溫很難撐過去。這個村莊只有一間餐館和一間雜貨店，所以沒地方可去的我們，只好躲在溫暖的室內聊天，從午餐聊到晚餐，神奇而美好的一天。若是沒有決定直接從Frómista到León、若是今天沒有晚點出發、若是在分岔路口選擇了左邊、若是……，沒有這些若是，就沒有這次的重逢，當然也就沒有未來幾天的相伴，而我的Galicia山區道路可能就無法如此地順利，所有的巧合都是要圓這緣分，讓我的朝聖之路更完滿。

今晚托兩位西班牙朋友之福，到村裡唯一的酒館看西班牙國王杯冠軍賽的轉播，最終我支持的皇家馬德里敗給馬德里競技，丟了冠軍獎杯固然可惜，但在朝聖之路上，可以跟同好（尤其剛好是馬德里人）一起在酒吧喝酒、聊天、看球賽，為自己的球隊加油，是一個非常開心、特別的經驗。

DAY 16.

約 28公里

VILLADANGOS del PÁRAMO ～～～～～～ **ASTORGA**

在西班牙北部 喜見高第作品

2013.5.18 天氣晴

宿Albergue San Javier，私人8歐元

route 

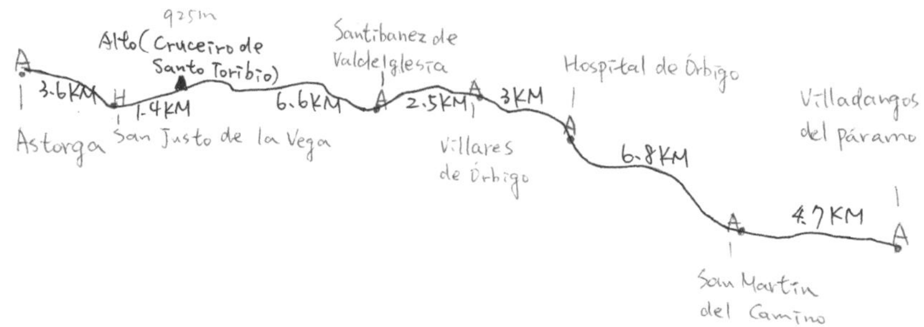

在接近零度的低溫下行走，實在非常痛苦，不過，每天都有新的突破，這才知道自己的潛力無窮。今天首度有同行夥伴，有點不適應，包括出發時間和走路速度，都必須重新調整，早上六點半就出發，速度也要配合其他人加快，說是急行軍不過如此。沿途的景色雖然很美麗，可惜無暇欣賞，加上天太冷、風太大，全程幾乎都在逆風中前進，暴露在空氣中的雙手一下子就凍僵了，此時豔麗的春陽只是誘人的假象，還好走路產生的熱力多少驅走一些寒意，但也只是一些些而已。

前進約五公里左右，在San Martin找到一間提供早餐的庇護所用餐，巧遇昨天來Páramo庇護所求助的美國女士，當時我再次充當翻譯員，幫她叫了計程車趕往下一站San Martin，與她的先生會合。而當我抵達Santiago de Compostela的朝聖者辦公室時，和他們夫妻倆又再度相遇。這說明朝聖之路上的朝聖者們，偶而也是會選擇一些權宜的作法，就像我選擇從Frómista搭火車到León一樣。

吃完早餐再上路已經八點半，經過一家藥局外面，溫度計上顯示著攝氏二點五度，連春陽都無法驅走的低溫，到底是要折磨人到什麼時候，雙手凍到讓我抵達Astorga之後，第一件事就是去買防寒手套，朝聖之路的後半段，我的背包沒有減少還增加不少東西，這鬼天氣哪是春暖花開的五月天啊！

途中經過Hospital del Órbigo，這裡有座最長的中古世紀橋樑，是朝聖之路的必經之地，這座橋現在已經是行人專用，橋下跨越的河道，將近三分之二已變成良田，仍可想見千年前的壯闊，這個上千年歷史的美麗小鎮，值得細細品嘗，可惜為了配合其他三人的速度，只能匆匆一瞥。

今天走路的速度加快不少，卻還是趕不上同伴的腳步，經常在落後一陣子之後，看到他們在前方休息等待，這是有人同行的好處也是壞處，被關照的感覺很好，但因被關照產生的無形壓力，心理上怕造成別人負擔的壓力，讓走路開始有點吃力，原本找到的節奏因而錯亂了，可是人類畢竟是群居的動物，孤單地行走那麼多天，終於得到幾位夥伴，有人時不時在旁邊關心你：「還好嗎？」「腳沒問題吧？」「要不要休息一下？」，這些問候都令人感到相當窩心。

這座主教宮殿（Palacio Episcopal）現在是朝聖之路博物館，是西班牙鬼才建築大師高第在1889-1913年建造的新哥德式建築。

西班牙廣場前的羅馬博物館。

在冷冽的空氣中逆風前進，對大家都是件苦差事，所以經過某個小村莊時，幾個人不約而同地走進一間庇護所的小餐館，是取暖也是休息，Pierre發現一個跳棋棋盤，他似乎知道該怎麼玩，其他人則是都沒玩過。像是星星圖案的棋盤，上頭所有的凹洞都放滿圓形木棋，只有正中間的凹洞空下來，看著Pierre玩過一次，大概知道方式，結果出來，年紀最大的我取得勝利。玩過一輪，飲料喝完，休息足夠，繼續逆風前進。

當走到進入Astorga前的制高點Alto Santo Toribio，從石製的十字架眺望屹立群山之前、宛如守護群山堡壘的Astorga，這景象有如明信片般鮮活地呈現眼前，美的如詩如畫。但是回頭一想到，那片綿延不絕的坎塔布利亞山脈，將是未來幾天前進加利西亞必須挑戰的地方，雙腳不禁虛弱了起來。

Astorga（阿斯托加）是朝聖之路進入山區前的最後一個城市，建築風格混合的大教堂，建造過程中多次停工，歷時三個世紀才真正完成。焦糖色的大教堂旁邊是主教宮殿（Palacio Episcopal），宛若新天鵝堡的藍色城堡，是西班牙鬼才建築大師高第在1889-1913年建造的新哥德式建築，這棟有著童話般塔樓的宮殿現在是朝聖之路博物館。Astorga這個城市因為有古羅馬遺跡、高第建築而廣為人知，奇怪的是，聽說還有一間私人的巧克力博物館，在裡頭可以窺見巧克力在十八、十九世紀時如何影響著阿斯托加的經濟，可惜時間不夠，無緣去欣賞號稱是藝術品的包裝和廣告版畫。

因為中午用餐時間已經稍晚，大家在庇護所附近找到一間小餐館，在這間傳統餐館裡，我吃到了最有名、美味的Galicia煮章魚，和西班牙北部最家常的料理燉豬耳朵，若不是與José和Alex一起，我應該吃不到燉豬耳朵這道美味的食物；晚餐更是奢華，在西班牙廣場找到一間有名的烤雞店，一個人半隻雞分量的朝聖者特餐，且因為我的喜好，大家的套餐飲料就是紅酒一瓶，後來隔壁桌還將自己另外開瓶的紅酒送給我們喝，不管是住、吃都獲得滿足。

一晚八歐元的私人庇護所，就位在大教堂前的巷子裡，外表是棟古老的建築，但裡頭的空間乾淨而舒適，房間裡不只殘留著木頭香氣，客廳裡還有燒著柴火的壁爐，暖烘烘地讓人不捨離開。

值得一書的是，本人繼克服了對蟲的恐懼後，再度克服的是懼高，今天走過兩座鐵橋，一座在河上，一座在鐵軌上，都超過四層樓高，雖然經過時還是會頭暈，我還是獨自走過了。畢竟在這種只能前進、無法後退的態勢下，必須有破釜沈舟的決心，才能勇往直前。

不管是旅行或是人生的決定，我一向都是勇敢選擇的，往往選擇自己想要的，而非一般覺得必要的，在世俗標準與自我期許中，後者的比重始終大於前者，因此被認為是率性、甚至是任性的人，也可能因為運氣太好，進入職場十幾年，因為有長輩與朋友的提攜和幫助，總是能在工作崗位上不顧一切，像是拼命三郎般地往前衝，直到四十歲之後，才真正見識到職場的爾虞我詐，我不犯人、人卻犯我的現實。覺悟到職場如戰場，自己所在之處，不是憑藉著革命情感、合作精神就得以安然自處的地方，做人遠遠比做事來得重要。

覺悟歸覺悟，是否將自己改變成那樣的人，投入那般的紅塵之中，心裡很清楚的是不願而不是不能，我仍想保有那個清楚明白的方寸之地，至於那些個人情感的挫傷、包袱和桎梏，在走路的過程中，已經慢慢的被療癒放下了，我有感覺到。

Alto Santo Toribio，從石製的十字架眺望宛如守護群山堡壘的Astorga。

DAY 17.

約 28公里

ASTORGA ～～～～～～～～～～～～～ FONCEBADÓN

山頂上的春雪與紙牌

2013.5.19 天氣晴

宿Dmus Dei，教區宿舍，自由樂捐並供餐

route

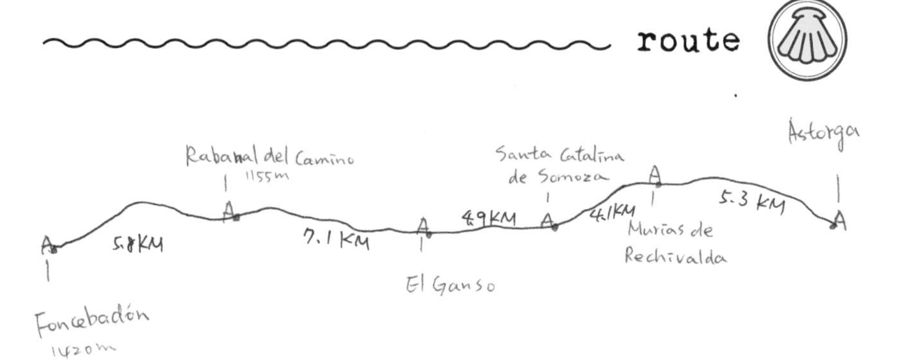

六點半出發，天氣依然很冷。Alex和Pierre已經恢復原本的作息，六點前就離開了，當我下樓時只看到José，這個體貼的馬德里人可能擔心我獨自上山，所以留下來繼續陪我。說真的，當自己獨行一陣子後，突然有人陪伴，感覺是很溫馨的。

昨晚大家在酒吧聊天時，看到氣象新聞播出山上下大雪的畫面，地點是今天預計抵達的目的地Foncebadón，對自己是否能克服那樣的低溫實在有點擔心，或許是因為我當時提出的憂慮，讓José決定今天繼續陪我吧！不過，大家在口頭上都沒有說出要一起走，或是先出發等約定，只是自然而然的發生，就像昨天他們一起等我上路，今天不用招呼先走一樣，只是默契、不是責任，很令人舒服的陪伴。

空氣實在太冷，一路上我的鼻水流個不停，縱然沿途盡是美景，也只能埋頭前進，有人在身旁的唯一缺點，就在於必須配合彼此的腳程，不能完全照自己的節奏而行，還沒有吃早餐的我走得有點虛弱，幸好大約走了一個半小時，快到下一個村莊（Murias de Rechivaldo）前，José主動提出要吃早餐，若是他不停下來，我勢必要跟他說再見了。每天正式的吃頓早餐，是支撐我順利走完一天的重要能量，即使要走上好幾公里的路程，也一定要吃到早餐：一杯牛奶咖啡、一杯鮮榨柳橙汁、和一塊塗上奶油的土司或麵包。

過了Murias，平緩的坡度開始變化，海拔高度持續爬升，建築風格丕變，用石頭砌成的老式村莊和圍牆，明顯看出是受到Galicia文化的影響，周圍的植被也較為豐富，過了La Rioja之後很少見到的西班牙熏衣草、虞美人和許多不知名的溫帶花卉，又頻繁地出現道路的兩旁，空氣中充滿著花香、草香、與木頭香，只是身旁仍不見翩翩起舞的蝴蝶，依舊是那些嗡嗡嗡勤做工的蜜蜂。

繼續前進十公里之後，經過El Ganso就是一連串的山路，從海拔一千多公尺往上攀拔到一千四百多公尺，四周山脈綿延、風景如畫，走過Rabanal del Camino之後，雖然山路更為陡峭，不過秀麗的山巒愈加清晰、視野愈加遼闊。

接近Foncebadón時，獲知床位將滿的訊息，於是我們一刻都不敢稍作停歇地趕路，最後五公里的山路陡坡，僅僅花費四十分鐘就完成，當終於抵達時，我的氣力也幾乎放盡，此時才下午一點半，完全是在挑戰我的極限。這裡是朝聖之路上海拔最高的庇護所，爬上來的路途雖然辛苦，但是只要看看周圍的美景如斯，就已經值回票價了。不過之前查到的訊息都說，今天沿途經過的幾個荒涼山村，有野狗流竄並攻擊路人，必須提高警覺，只是我們並沒有遇到這種情形。

當我們兩個即將進入村莊時，已經看見Alex和Pierre在入口等待迎接我們，原本要入住的庇護所已經客滿，幸好還有另一間隸屬教區的宿舍尚有床位，費用自由樂捐，而且提供晚餐和早餐。不過負責管理的老先生Miguel有一套規則，在還沒到入宿的時間之前，大家只能將自己的背

包放在他規定的路線上排隊，人必須各自散開去，時間一到再回來。我們把背包放好排隊後，先去溫暖的酒吧喝酒聊天，雖然今天還是陽光普照，但空氣依舊冷冽，路面的泥濘水窪、路邊的堆堆殘雪，可以想見昨日的大雪紛飛。

今天的午餐是到原本要入住的庇護所餐廳，就只有一道菜，很傳統的西班牙家庭料理：el puchero calentito，裡頭除了豆子外，還加了許多蔬菜、火腿、香腸和肉類，在這麼冷的天氣裡，能喝上這麼一碗熱騰騰的雜燴湯，有著無比幸福的滋味，此時外頭又飄起小雪，天氣的變化還真是令人擔心。

晚餐是庇護所提供，由Miguel掌廚，住在這裡的十八位朝聖者，有的充當廚房助理，有的則協助佈置餐桌，不過用完餐後，收拾、清洗的工作全由男士負責。今天的餐後水果竟是西瓜，我在位居海拔一千四百多公尺的地方、天空還飄著小雪的五月天，吃到今年的第一口西瓜，這在台灣可是盛夏消暑的水果，有趣極了！

飯後大家準備去酒吧小酌一下，Miguel突然叫住我，要幫他佈置明天的早餐餐桌，並且把其他人都請出餐廳，貼心的José擔心我會雞同鴨講，跟Miguel溝通了一下，允許他留下來一起協助。因為Miguel的規矩很多，所以當餐桌佈置好之後，已經花費了半個多小時。而他老人家可能太開心，竟拿出收藏的烈酒 orujo blanco casera請我們喝，orujo是一種是類似liquor（利口酒）的白酒，酒精濃度超過50%，是Galicia地區常見的烈酒。不知這位老先生的興致會有多高，José趕緊去搬救兵，把Alex和兩位Canarias的朋友叫來，這酒實在很烈，喝完一小口後，全身立刻暖和起來，當大家喝得興起，老先生拿出一副紙牌說要幫我算命（原來教徒也熱衷算命）。

沒有準備問題要問的我，在腦袋放空的情況下隨手抽出三張牌：第一張寫著：Afronta tu camino con coraje,no tengas miedo de las criticas de los demas.Y,sobre todo,no te dejes paralizar por tus propias críticas.（大意是：勇敢面對你的人生道路，別害怕他人的批評，尤其是別讓你自己因為自我批判而裹足。）第二張牌的內容是：Tu eres rey y pordiosero,tu eres todo y nada.（你是國王也是乞丐，你是全有也是全無。）第三張牌：No se dará nunca un deseo,sin la fuerza para realizarlo. Pero puede ser que tengas que esforzarte para eso.（大意是：你絕不會擁有一個夢想，但卻沒被付予實現它的能力。）

Miguel並沒有特別向我解釋這三張牌，只是每唸一張牌就直說非常好、非常好，當我看完這三張牌後，我也認為不需要再多做說明。神奇的是，恰巧是抽出這三張牌，不論是決定走朝聖之路，或是面對我的人生道路，這三張牌道出我的人生哲學和生命態度，現在更給予我更多的信心和勇氣面對未來，不過沒有走上這一遭，對這些內容我並不會有這麼強烈的共鳴。

大家算完紙牌時間已經很晚，趁著剛喝完烈酒，手腳都暖烘烘的時候，趕緊上床躲進睡袋裡，Miguel說這樣可以幫助我度過這寒冷的夜晚，因為他已經變不出毯子可以給我禦寒。

用石頭砌成的老式村莊和圍牆，明顯看出是受到Galicia文化的影響。

DAY 18.

約 28公里

FONCEBADÓN ～～～～～～ PONFERRADA

在十字架前
學習放下

2013.5.20 天氣晴
宿Albergue San Nicolas de Flue
教區宿舍，免費

route 

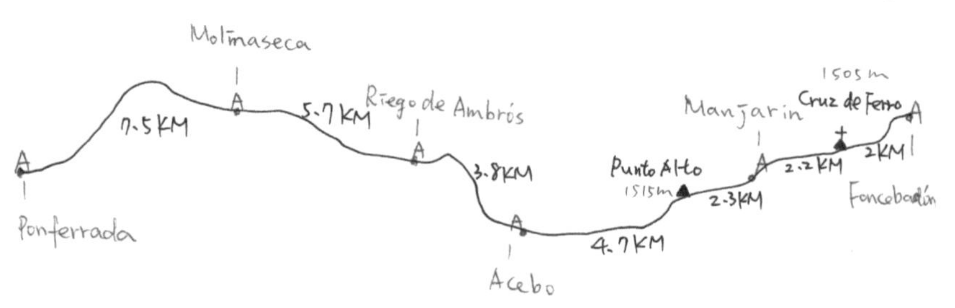

今天早上出發時，依然還是José相伴，走到Ponferrada是昨天午餐時大家達成的共識。

一段美麗的山路之後，來到朝聖之路的最高點，一千五百公尺山上的Cruz de Ferro，每位朝聖者經過這裡時，會在橡木樁上的鐵十字架周圍，放下從家裡帶來的石頭然後離去，這個已經千年之久的傳統，象徵拋掉自身的煩惱，至今仍還持續著，以至於周圍的石頭已經堆積成一座小山丘。昨天經José提醒，我在路旁拾撿到一顆圓潤光滑的黃色小石頭，相當可愛討喜，今天我以無

1500公尺山上的Cruz de Ferro，每位朝聖者經過時，會在橡木樁上的鐵十字架周圍放下從家鄉帶來的石頭。

比虔誠的心，踏上小石丘的頂端將輕輕它放下，在無數石頭中，成為其中的一份子。放下再出發，生命不就是如此循環。

從Manjarin之後，依舊是和緩的山路，但再越過一個山頭，就是將近三公里的連續陡坡，下山最怕遇到這種嚴峻的考驗，雖然穿著護膝、拄著登山杖，仍然造成膝蓋很大的負擔，幸好擔心的抽筋或疼痛並沒有發生。

來到坎塔布利亞山脈的美麗石莊El Acebo，童話世界般的山中小村，從山上望去是傳說中神似塞爾特的風景。今天沿途經過的小村莊，都是古老石屋聚落，堅固耐用的建築，和Castilla y León的村莊裡，那些相對破舊的泥石房屋差別頗大，原本以農為主的聚落型態，逐漸被農牧取代，大部份的房屋建築，一樓成為畜養以牛、羊牲口為主的地方，二樓才是生活起居所在的住家，這樣的現象越接近Galicia地區越明顯 。

又經過一段下坡路，下山來到被Maruelo河貫穿的美麗村子Molinaseca，接下來與公路並行，有種回到塵囂的感覺，灰撲撲的這一段路會持續數百公尺，直到接近Ponferrada再踏上田野小路，雖然景觀單調不甚美麗，但此時的天氣卻逐漸回暖，擺脫多天來的低溫。下午兩點左右終於抵達Ponferrada，這是一個遠望、近看都不怎麼漂亮的城鎮，但擁有一座相當具有歷史意義的城堡：Castillo de los Templarios，建造於十三世紀的聖殿騎士團總部，是相當知名的城堡，也是朝聖之路的必經之地。

下午坐在庇護所的庭院寫日記，遠望橫亙眼前的坎塔布利亞山脈，山頂上的皓皓白雪與綿延的山形，恰似南部Andalucía的內華達山，故鄉在南部哥多華的José和我有相同的感覺，看著仿若熟悉的景色，讓我懷念起住在Granada的那段時光。

住在Granada的那兩個月，是我的西班牙文聽說能力進步最快的時間，雖然還是初級階段，但是比在Salamanca前兩個月，只能痛苦的背單字、查單字，不斷地猜測老師說的內容，到Granada之後突然耳力大增，老師和同學們說的內容約略聽懂將近五成，終於不再是鴨子聽雷的窘境。一月左右的Granada很冷，所以只要是有陽光的日子，我會在兩點下課後，坐在英國宮百貨公司旁的廣場上曬太陽，從街道的隙縫中望過去，就是白雪山頭的內華達山，不然就是假日的午後，走上阿爾汗布拉宮，遙望內華達山的美麗。兩個月的時間，內華達山不知怎麼就成為我撫慰鄉愁的寄託了，明明台灣沒有這樣的景色，或許是陽光吧。

五月底在接近Galicia（加利西亞）自治區的高山上仍可見白雪遍佈。

San Nicolas庇護所同樣是免費入住，雖然不供餐但廚房可以使用，在這裡我終於再次看見東方臉孔，三位來自韓國的年輕人，當聞到他們煮的食物味道時，簡直令我口水直流、食指大動，是韓國的辣泡麵啊！雖然我很喜歡西班牙的食物，也吃得很習慣，可是偶而能吃個辣辣的、熱熱的、香香的麵食，其實也很不錯，當然這只是想想而已，人家可沒煮我的份。

今天在討論隔天的路程時，因為前三天每日將近三十公里的疾行，對我來說已經有點吃力，所以我堅持只能走到VillaFranca，大家為了配合

Cruz de Ferro，無數朝聖者從各地帶來的石頭已經堆成一座小山丘。

我，進度再次被縮減。我想，可能我們這幾個人真有很深的緣份，才會在朝聖之路上幾番相遇、進而相識、成為好友，宛如是老朋友般的默契，完全不受語言和文化影響而有所隔閡，尤其，自始至終我都聽不太懂Alex和Pierre說話的內容，完全是靠José翻譯，這幾天發生許多非常有趣又好笑的對話，這是當初決定獨走朝聖之路的我，始料未及的驚喜遇見。

十點，庇護所鎖門、熄燈之際，尷尬的事情在眼前發生了，睡在我隔壁床的阿公，突然地開始脫衣服，脫到只剩下一件內褲，才爬上床鑽進睡袋，頓時，我呆愣了幾秒鐘，想說該怎麼辦，一個幾乎光溜溜的老先生就睡在旁邊，我完全無法若無其事地爬上床去，這時只好將自己的睡袋轉向，和阿公的頭腳呈相反方向，反正大家都窩在睡袋裡，也聞不到臭腳丫的味道，不過這個震撼實在大了點，阿公還真是把這裡當成自家了。

DAY 19.

約 25公里

PONFERRADA ～～～ VILLAFRANCA del BIERZO

又回到獨行的日子

2013.5.21 天氣晴
宿Albergue Ave Fenix ，私人，7歐元

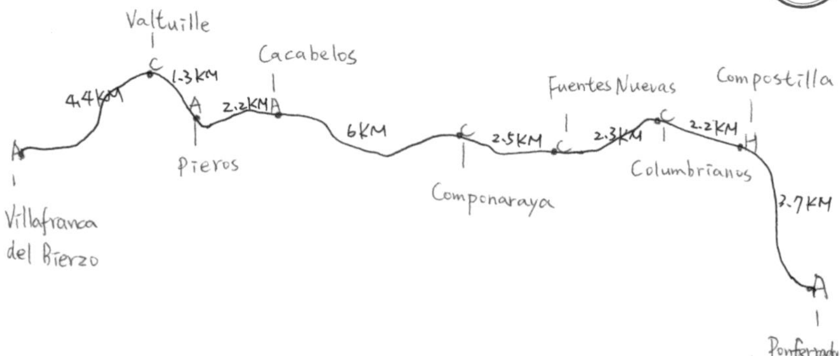

早上一個莫名的感覺讓我醒來，原來是José正要在我枕邊放上紙條，看我睜開眼睛，他直接告訴我要先離開，他們會在VillaFranca的庇護所等候我，有人陪伴而走的日子宣告結束，不過，雖然又恢復一個人行走，可是知道前方有同伴在等待，心裡多了些溫暖和感動。

一個人走路，要走要停、要快要慢全照自己的意思，也不會影響他人，若有人結伴而行，當然可以相互照應、分享喜悅，卻要相互妥協配合，兩者各有優缺。我還是比較喜歡一個人走，除了可以找到屬於自己的節奏，也能專心欣賞風景，何況當走到必須專心應付腳步而無暇他顧之時，也沒有力氣跟人互動分享了。而且在朝聖之路上，不時會遇到陌生但友善的朝聖者，所以一個人走也不曾真正孤單。

沿途仍是石頭村莊，不過有著Galicia特色的茅草屋頂穀倉或工具間，已經處處可見，除了有些畜牧人家外，這一段路顯見多處的葡萄園與酒莊，這是離開La Rioja地區後少見的景象，少了前兩天的山巒疊翠、秀麗風景，卻多了山谷平原裡農村田園的質樸氣息。

朝聖之路從第二天的Puente La Reina開始走到第十六天的Astorga，幾乎是和高速公路111或120的方向一致，時而看見，時而不見，由東向西前進，從Astorga之後才遠離高速公路，走入崎嶇山路和偏遠村莊，直至Ponferrada才又跟高速公路貼近，進入Galicia區界前則再次遠離，進入山區行走。沿途經過的大部份地方，除非靠自己的雙腳來走這一趟，否則應該都是一生不會造訪之地。

Castillo de los Templarios（聖殿騎士團總部）建造於13世紀，是朝聖之路必經的知名城堡。

對我這個沒有運動習慣的人來說，這趟幾百公里的健行，出發前並沒有長途練走，也沒有加強背負重量的體力，在決定朝聖之後，就這樣買了機票，背上新登山背包、穿著新登山鞋，飛向西班牙，踏上朝聖之路。

如初生之犢般的勇氣，到底從何而來，自己也不知道，只是頗得上天眷顧的幸運，一路伴隨而行。長時間走路下，身體累積的疲累和痠痛一直存在，每天都是一場體力和意志力的戰爭，卻沒有想到要放棄，一步一步地，已經完成了三分之二的路程，也深信著未來的三分之一會順利完成。

每當體力已達極限，而眼前仍須爬上那綿延不盡的山路時，或是雙腳已經痠痛難耐，卻仍需繼續那永無止盡的下坡時，都會擔心著能不能撐過，卻也都能平安地度過。我想，大概是靠心底那股不服輸的驕傲支撐著吧，既然決定往前走，前方絕對沒有過不去的橋、翻不過的山，更沒有到不了的問題。於是，一天又一天，走過一村又一莊，越過一山又一嶺，經過高地、平原、盆地和溪谷，縱然雙腳已走到麻木，還是能夠努力地走過去。我想，在朝聖之路上，沒有抽筋、沒有扭傷、更沒有起水泡，能夠像我這麼平安無恙的人應該不多。

下午兩點前就抵達了VillaFranca，當我接近村莊時，已經遠遠地瞧見José和Pierre站在路口翹首探望，霎時間，疲累、痠痛似乎都遠離了，這種心情難以形容，像是一種被親人等待回家的感覺。我們住的鳳凰庇護所是私人的，雖然頗有特色但相當簡陋，據說這間庇護所是以美食著稱。不過，我們並沒有在庇護所用餐，而是到Alex的朋友Julio住的公立庇護所煮食，在Foncebadón認識的兩位熱情大男生，來自Canarias的Jonay、Rayco今天也加入我們。

大家在超市買了需要的食材後，由這群男士們掌廚，煮了一大鍋相當美味的白醬義大利麵和一大盤的生菜沙拉，足以應付十五人的份量，從備料、煮食、擺桌、整理到清洗，都是這些男士經手，女生只需等待上桌吃飯就好，完全不需動手，偶而被體貼的西方男士照顧，還滿令人開心的。

Canarias是位在大西洋上的熱帶島嶼，屬於西班牙伊比利半島之外的領土，西班牙本土販賣的香蕉大部份都是來自這裡，從Jonay、Rayco身上可以感受到來自海洋島嶼的開朗性格，熱情而有活力，來自同為亞熱帶海洋國家的我，感覺更為親切，今天之後就沒有再遇到他們，卻沒想到在聖地牙哥大教堂的彌撒儀式中能與他們重逢。

從中世紀以來，VillaFranca這個有小繁星原野之稱的小城，許多虛弱或生病的朝聖者無法前進到聖地牙哥時，便會在這裡的聖地牙哥教堂領取恩典證書。而從這裡開始，便是camino duro（困難之路），是最艱苦的一段路，有些人在這裡就放棄往前走。

有朋友問說，「你一個人去走不擔心、不害怕遇到壞人嗎？」「跟那麼多陌生人住在一起，不擔心危險嗎？」我不能也不敢保證是百分之百的安全。但是，就我自己的經驗來說，當第一天住進庇護所、第一步踏上朝聖之路後，這些曾經存在的疑慮或擔心，從那一刻起就不存在了，除了擔心沒床位可住，我很放心地走路、認識新朋友，也被新朋友認識。

這條路對我來說，是滌淨心靈的道路，沒有繁文縟節，沒有世俗考量，全憑心來做主決定的自由之路。從一個出門旅行從不考慮青年旅館，訂房間都要求有獨立衛浴的人，竟能立即適應男女合宿、衛浴共用的團體生活。從擔心路上會有未知危險的旅行者，成為放心自在的朝聖者，甚至在森林裡、在原野中行走許久，遇不著半個人，也能安然地享受鳥語花香、風聲林濤。究竟為什麼呢？我也不是很清楚，就像許多朝聖者共同的感想，或許這真是一條充滿性靈的道路。

DAY 20.

約 32公里

VILLAFRANCA del BIERZO ～～～～～ OCEBREIRO

從困難之路
走向精靈之村

2013.5.22 天氣晴
宿Xunta 自治區政府設立的庇護所，6歐元

route

今天面對的將是最艱苦的路程，按照指南的提醒，出鎮後的指標有些混亂，正確應該走右邊的法蘭西之路，這是一條自然山徑，路線長，必須翻山越嶺，直到Trabadelo才與左邊的路線交會，左邊的路線是沿著車流量相當大的國道6號前進，有一段貫穿整座山脈的兩線道公路，路面相當狹窄，而且沒有人行道，只能在一點五公尺寬的路肩行走，橋下是十五公尺深的溪谷，走在上面相當危險。

當選擇走上右邊的路線後，路邊寫著這麼一句話「el Camino muy duro」，意思是這是一條非常困難的道路，比起之前的路徑，今天終於能體會什麼叫做行路難，難怪會被稱作困難之路。才離開鎮上沒多久，回頭一望，小鎮已經在遙遠的山谷下，安靜地臥伏在群山之中，再越過一個山頭，倏忽地置身群山中，來時的喧囂已了無蹤影。

連續十二公里的山徑，山勢非常陡峭，在永無止盡的上坡與下坡間，沒有任何歇腳處，體力消耗的相當快速，更別說因為消耗體力產生的飢餓感，雖然身上有乾糧充飢，可是仍然覺得無力，直到Trabadelo才勉強找到一家咖啡廳歇個腳、吃點東西。

Trabadelo開始離開山徑小路，將近七公里和公路並行而走，雖然必須時時注意著後方是否有來車，但是走在加利西亞群山腳下，沿著山谷之中蜿蜒的小溪畔，野花綻放、綠蔭如織、還有恬靜的田園景緻，數個宛如世外桃源般的小村莊，都是歇腳休息的好去處。就在美麗小巧的村落Vega，我竟遇到早應該走到前方不知何處的Pierre，他說他今天身體不舒服，無法再往前走了，坐在這裡期待能遇到我，跟我交待一聲。而在這之後，並沒有如我們的預料，有機會再跟Pierre會合，只有幾天之後，我曾和他在路上短暫重逢，到最後連我也跟José他們分開而走了。

山腳下的小城，就是有著小繁星原野之稱的VillaFranca。

走過這幾個美麗的小村後，又開始走入山中小徑，這段路的陡峭不亞於早上的那一段路，足足有十一公里左右的上坡路，果真是名符其實的困難之路。因為山路難行，每越過一座山頭，就必須為自己加油打氣，而每走到一座山頂，看到無比美麗的景色時，才又有繼續前進的氣力。 縱然有段是沿著溪谷低地行走，但是腳程實在是無法加快，所以遲至下午四點才進到OCebreiro。

大概是從Astorga之後，幾乎每個村莊都有養牛、羊或馬等牲畜，一進入村裡，空氣中充斥著動物糞便的味道，有些甚至路上還有牛糞，尤其越接近Galicia越是嚴重，沿著溪谷經過幾個較乾淨的村莊後，又必須開始連續閃避地雷的動作。但是到La Faba時，已經是滿地黃金，沒有任何乾淨的空隙可以踩踏。這些山中的村落都相當迷人，但實在無法忍受空氣中彌漫的刺鼻氣味，沒能駐足欣賞有點可惜。幸好離開村莊後，有沿路盛開的溫帶花朵，洗滌那混濁的餘味，帶來盈滿鼻腔的馨香。

Castilla y León和Galicia兩個自治區的界碑。

▎從VillaFranca開始，便是一段camino duro（困難之路）。

過了Laguna de Castilla這個村莊後，再往前一小段路就進入了Galicia自治區，就在今天的下午三點二十四分，我的雙腳已經踩在Castilla y León和Galicia兩個自治區的界碑之間，兩區的界碑佇立在山頭，當我回望來時路，前看未來路，驀然想起，這些天來已經走了超過四百五十公里，此時獨自站在這前不著村、後不著店的山巔之上，加利西亞壯麗的景色就在眼前展開，前後盡是層層山巒翠谷，望著這個浸潤在大西洋氣候的綠色區域，傳說塞爾特文化的發源地，心頭竟同時湧上遺世淒涼的感傷，與慨然自若的從容，這真是極為矛盾的心情啊！

站在這裡，沒有羅盤、沒有方向，只有能順著那一路指引的黃色箭頭，確定自己該往何處去。深吸一口氣，繼續往上前進不遠之處的目的地。

朝聖之路上，Galicia的第一個村莊OCebreiro是個驚喜，一進村裡就看見傳統塞爾特的圓形茅草屋（Palloza）。Galicia人自覺是塞爾特人的後裔，是個經過數千年不同民族文化的衝擊，卻仍保有自己文化特性的堅韌民族，特別是展現在建築風格與人文風采上，自治區內仍有幾個保持完整的塞爾特部落，OCebreiro就是其中保有傳統建築的聚落。羅馬式的教堂裡珍藏著加利西亞的寶物：聖杯。傳說某個暴風雪的夜晚，本來要開始的聖誕彌撒，居民卻無人到場，這時出現一位農夫，從山谷中沿著困難之路上來要領受聖餐，但神父不想只為一個人做彌撒，要請他回去，但農夫堅持自己應有的權利，最後神父還是為了他做完彌撒，將聖餐遞給農夫。就在此時，紅酒變成血、聖餐變成肉，當時的聖餐杯和聖餐盤，保存在教堂裡隔著防彈玻璃供人參觀，許多教徒來到這裡，一定進入教堂做彌撒並瞻仰聖杯。

有別於經過的村莊以農田耕作、畜養牛羊營生，這裡似乎是以朝聖者和觀光客為主的村莊，半地下的圓形石頭房屋，和茅草鋪蓋的圓形屋頂，就像是魔戒裡哈比人的聚落，尤其當四周被雲霧覆蓋時，有種精靈出現的錯覺。而原本以多雨的惡劣天候聞名的OCebreiro，在我們停留的時間裡，都是好天氣，不只沒有陰雨籠罩，甚至夕照和日出都一併欣賞了。

在公立（Xunta）的庇護所登記時，工作人員看了我的護照後，在國籍欄上第一個字母填上C時，我立刻更正是TAIWAN，這位小姐隨即誠懇地向我道歉，因為護照上的名稱使她誤會，很高興Galicia人似乎更能理解我的在意和堅持。 從庇護所名稱就可以看得出來，歷經不同的外來統治者的Galicia，始終保有自己獨特的語言、文化，公立庇護所在其他地方都叫做Municipal，但是進入Galicia之後，全稱為Xunta，也就是Galicia語「政府」的意思。

當我梳洗過後，在村莊閒逛順便尋找José時，正巧遇到在Foncebadón認識的巴西人Franco，他和幾位巴西同鄉坐在餐館外喝酒聊天，這處襯著無敵美景的石桌椅，的確是呼朋引伴、享受美酒美食的好位置，他遠遠地看到我的身影，就喚住我加入他們。在這個似有精靈的村莊，我喝了此行最多杯的紅酒、吃到超級美味的新鮮白起士加蜂蜜，還有道地、軟

朝聖之路上進入Galicia的第一個村莊OCebreiro，就可看見傳統塞爾特的圓形茅草屋（Palloza）。餐館前的石桌椅就是當天大家把酒言歡的地方。

嫩的加利西亞煮章魚（將整隻的章魚煮熟切塊，只淋上特製橄欖油和紅椒粉，就是一道無比鮮美的料理），最重要的是，和一群熱情友善的巴西朋友們把酒言歡。原來這天是Franco朝聖之路的最後一天，所以他大方地邀請朋友們一起喝酒慶祝，而我何其榮幸，也在他邀請之列，聊得開心之餘，他甚至放棄跟大家去教堂做彌撒、看聖杯。這是朝聖之路上的另一個緣份，直到現在我們偶而仍會以電子郵件互通訊息。

想起早上出發時看到的那句「el camino muy duro」（非常困難的朝聖之路），後面還有一句「solo lo parece buenos caminantes...」（只為遇見那些好的朝聖者），直到已經走過將近四百七十公里的今天，我真的認為走上這一條困難的道路，就為了遇見、認識那些美好的人們。

DAY 21.

約 36公里

OCEBREIRO ～～～～～～～～～～ CALVOR

這完全是場意志之戰

2013.5.23 天氣晴熱
宿Xunta，6歐元

route 

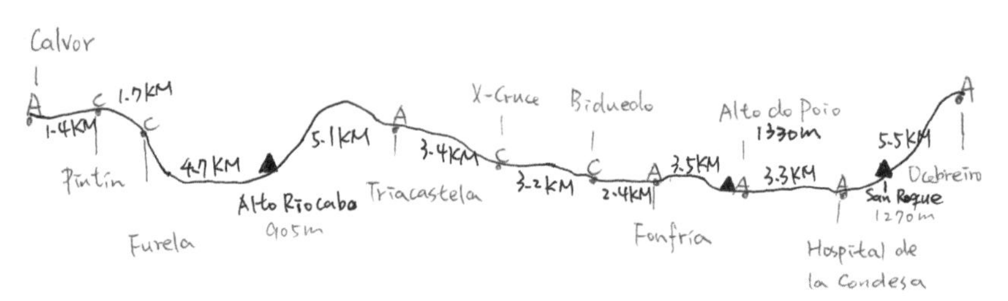

有著朝聖者監獄的小鎮Triacastela。

早晨出門時，看到眼前被濃霧籠罩的村莊恍若仙境，真真切切地感受到什麼是迷霧森林、什麼叫精靈世界。當旭日從霧裡露出時，那景象筆墨難以形容，就似在乘雲駕霧中，我漸漸地遠離了這山中傳奇。

剛開始沿著山中小徑還有些上下起伏，來到Alto San Roque，隘口上豎立著一座三公尺高的朝聖者銅像：象徵一位男子正對抗著暴風雨前進，主要是要突顯加利西亞的惡劣天氣，不過今天天氣相當好，無法看到銅像欲展現的意義。

過了隘口之後，幾乎都是下坡路且坡度極陡，不過就如同幾天前，倏忽地已置身群山之中，今天同樣如此，早上七點還在群山綠壑之中行走，結果中午時分回望，群山已不知何蹤，人已進入了Galicia的丘陵地。

離開Biduedo這個村莊後，眼前視野一片開闊，站在這裡可以眺望Galicia的美麗丘陵和平原，但是從海拔一千兩百多公尺直降到六百多公尺的連續陡坡，超過五公里的路段，讓膝蓋有點吃不消，這次護膝似乎沒有發揮太大作用，近中午時分，在抵達Triacastela前，我的膝蓋終於再次發生劇烈的疼痛，這個地點距離之前經過的小農場已經有一段距離，四周完全沒有人煙。

自己很清楚，在原地等待不到救援，只好自求多福，心裡也存在著僥倖，希望和上次一樣，可以突然自癒，但奇蹟並沒有出現。稍作休息之後，極其緩慢小心地做一些鬆弛筋肉的動作，漸漸地疼痛感減少許多，嘗試移動一些步伐，除下坡時仍感覺疼痛外，平地行走應該已經無礙。往後幾天，因為下坡都仍感覺疼痛，所以下坡的踩踏特別放慢、放輕，並且將重心放在雙手的登山杖上，以防加重膝蓋的負擔。如今想來，只能說自己相當幸運，最後並沒有造成真正的傷害，甚至在最後一天，膝蓋的疼痛又消失了，可以全身無痛無恙地走進聖地牙哥德孔波斯特拉。

在綿延的山脈之中經歷了四天的上下起伏，雖是美景無敵，但體力也是無敵了。每座山的姿態各有千秋，都有著專屬的美麗，但凡登頂之後，幾經流連忘返，都必將下山。人生不也如此，就像登山一樣，停留山頂的時間，總是不會比下山的時間還長，毋須太過執著， 要懂得何時該放下，若下此山再登他山而已，才能得見更多的風景。

大家約定今天要走到Calvor，比自己原本設定的Triacastela多出約十五公里，是再一次長距離的挑戰。因為有先前的疼痛，所以午後一點，經過Triacastela時，內心稍為掙扎了一下，是否照原定計劃走到這裡即可，這個小鎮有朝聖之路上唯一的「朝聖監獄」，是指當人數眾多時，朝聖

Alto San Roque隘口上豎立一座三公尺高的朝聖者銅像，象徵一位男子正對抗著暴風雨前進，突顯加利西亞的惡劣天氣。

者們會在這裡的一間破舊學校體育館打地鋪，不過五月時的朝聖者還沒有多到必須住到那裡，所以無緣得見那種盛況。

當心中還在猶豫是否停步之時，雙腳卻已不由自主地往前走，遇到的朝聖者知道我還要前進到Calvor時，都提醒我要加快腳步，因為從這裡開始，雖然會經過幾戶人家，但是都沒有庇護所和歇腳處，一聽之下，不敢稍作停留立刻出鎮。

出鎮之後，左右各有朝聖指標，往左是走向Samos的替代路線，這條路線較遠，Samos有間建於西元五世紀的修道院，哥德式的迴廊和玫瑰花徑廣為流傳，是西方最古老的修道院之一，也是許多朝聖者必經瞻仰的地點，最後會在Sarria前與法蘭西之路會合。

不過Samos並非我的重點，所以我選擇右邊的法蘭西之路，和公路並行一小段路，朝聖之路就再度走進林野之中，這片丘陵地的橡樹林相當茂密，其中有一段山坡極陡，路面坑洞積水難行，除了地面上的幾雙腳印之外，完全沒有人跡，只有偶而出現的黃色箭頭，讓我相信自己沒有走錯路，辛苦的越過這段山路，又再次和公路會合。然而公路並沒有比較好走，午後陽光照射下的柏油路面，熱氣迎面襲來，從León之後持續的低溫，在今天終於真切感受到回升的熱度，不過穿著雖可以輕便許多，只是當初添購的保暖衣物，卻讓背包的重量也沉了不少，還好我的背包已經調整到最佳狀態，和背部完全貼合，背負起來並不覺沈重。

順便要提一下，從OCebreiro下山之後，路途中仍會遇到集村聚落，但是獨立的農場也不時可見，但同樣都是滿地牛糞，牲畜的味道充斥鼻間，每經過農場只能選擇閉氣並快速通過，看見我一個人獨自行走，農場的主人多半沒有太大反應，可能是習以為常了，只以平淡的眼神目送，然後又開始他的工作。

沿途欣賞著Galicia獨特的傳統建築：美麗而古老的石牆與石屋，是除了自然風景外的一大享受，但是，身體的疲累是無法忽略的，在抵達Calvor之前經過兩個小村莊，雖然沒有庇護所，但各有一間民宿，這時我的腦袋和雙腳似乎已經分開反應了，當腦袋出現停下休息的念頭時，雙腳仍毫不猶豫地往前走，就這樣一路糾結地走到Calvor的庇護所，而且在午後四點前抵達，竟然比昨天抵達OCebreiro的時間還早，十五公里花三個小時完成，好像太勉強了。

Calvor的公立庇護所位置相當獨立，附近毫無人家，距離最近且惟二的餐館兼酒吧，都在前後各半公里之外，對已經走了三十七公里的雙腿是極大的痛苦考驗，當知道這裡沒有東西可吃時，José有問過是否再走五公里到Sarria（大部份朝聖者們會選擇住宿的地點）休息，可是我的雙腳已經無法再前進。大部份的朝聖者從OCebreiro下來之後，通常會在小鎮Triacastela停留，下一站則是Sarria這個大鎮，像我們這樣住在Calvor的人相對較少，所以今晚的庇護所只有十幾人而已，此行難得住到這麼清靜的庇護所。

距離庇護所最近的餐館，依平常狀況大概走十分鐘內可到，但是以目前大家的雙腳狀況，時間不僅要加倍而已，三個人身上都沒有多餘的糧食和飲水，所以只好穿著拖鞋、拖著步伐，緩緩前行，其實這樣的景象，已經在這條路上的所有休憩處見怪不怪了。這讓我想到第一天從潘普洛納出發前，自己還以為可以撐好幾天才會出現跛腳的情況，這是哪來的自信啊，沒想到當天休息時，就立刻加入穿著拖鞋跛行的行列了。

DAY 22.

約 28公里

CALVOR ～～～～～～～～～ PORTOMARÍN

朝聖之路
可以分段完成

2013.5.25 天氣晴
宿Xunta，6歐元

route

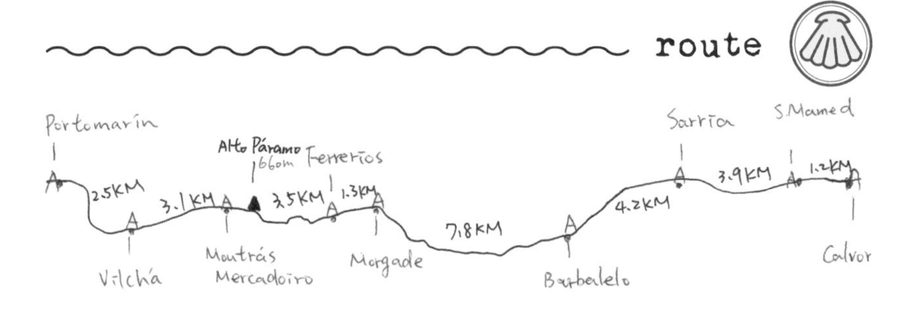

照理說昨天太過疲累，今天應該會睡晚一點，我卻五點就醒了，José跟Alex卻比我更早，可能是昨天看到Triacastela的朝聖者明顯增加許多，雖然沿途的庇護所增加不少，不過早點出發、早點抵達是最保險的做法，一早從Calvor出發，走到Sarria才吃到早餐，Sarria位在一座小山上，順著山勢緩緩往上沿著朝聖之路的街道走，路邊兩旁的咖啡座滿是朝聖者。許多朝聖者不想走那麼遠的距離，又想拿到朝聖證書，都選擇從這裡出發，算是個朝聖大鎮。

從這裡開始，一直到聖地牙哥，沿途的住宿和餐館增加很多，道路也相對平緩好走，從路上絡繹不絕的朝聖者，可以看出這段路相當熱門，身邊不斷出現許多衣鞋乾淨、腳步輕快，只背著輕便裝備的朝聖者，走在這些光鮮之中，相形之下，像我這樣長途跋涉而來朝聖者，腳步更覺蹣跚、衣著更顯邋蹋。

雖然脫離了高山峻嶺，但是無數的山坡起伏，走起來也不會太過輕鬆，經過的獨立農莊越來越多，Galicia的茅草或石板屋頂的石頭建築處處可見，沿途增加許多可供歇息的餐館、咖啡廳，的確是朝聖之路的熱門路段。

中午12：07我走到距離聖地牙哥尚餘一百公里的石碑處，完全不敢置信，我竟然已經僅剩十位數計算的距離，站在這塊里程碑前留下難得的紀念，再過四天就要抵達最終目的地，過去的五百多公里，很難想像自己到底是怎麼走過來的，若非是一個星期前遇到José等人，或許現在我還在那群山之中掙扎著，畢竟這一段風景美卻路難行的百餘公里，若

▎在朝聖之路倒數100公里處留下美好的記憶。

無同伴在盡頭等待，又怎能如履平地般的前進，他們是我朝聖之路上的天使們。

　　路上遇到在Foncebadón認識的巴西人Eddy，是一個相當健談的阿公，或許我的背影真的好認，他從我背後走來喚我名字時，還是小小地驚訝，怎麼知道我是誰呀！遲疑了一下才想起他是誰，也是他提醒我剛剛經過一百公里的里程指標，我們都是喜歡獨自行走的人，邊走邊聊一陣子之後，就又各自前進了。其實這一路上，都是如此，朝聖者們彼此間的相遇道別，有緣的相聚相伴久一點，無緣的點頭招呼即過，而我只是更多一點幸運，在每個階段都有天使相助，並且得到許多的關照。

另外，還遇到一對讓我印象深刻的德國母子，媽媽身材比我嬌小，兒子雖然年約十來歲，不過身型已經高出媽媽一個頭，這對母子的行囊幾乎都是媽媽背著，身體前後各一個塞滿東西的背包，雖然她的速度並沒有因此受阻，只有從她前進的沈重步伐，可以感受到背負的重量的確不輕，而兒子的背包看起來就相當輕便。跟這位媽媽聊天後才知道，她的朝聖之路是分四次完成，而且都是兒子陪她一起走，今年是第四次來朝聖了，忘了她說這次是從哪裡出發，只記得她將完成走到聖地牙哥的心願。難怪兒子看起來很獨立，經常自己一個人走走停停的，許多朝聖者看他獨自一人 還會請他喝個飲料、或吃些零食，這對母子都以自己的速度前進，只有媽媽累極休息時，才會順便等待兒子會合。我的朝聖之路，遇到的朝聖者超過二分之一都是獨自行走，其他則是夫妻、情侶，或是朋友，但是偶而也會遇到父子同行，母子相偕而行這是第一對。

今天的目的地是Portomarín，沿途的景緻相當多樣化，平坦的原野、草地、農莊，林木茂密的橡樹林、松樹林，還經過號稱巫婆之谷的森林，聽說有些朝聖者在這段路上經常跌倒、恐慌或迷路，可是當我走過時，只覺山路崎嶇難走，爬得氣喘吁吁，必須不時停下來喘口氣。

Portomarín是位在Belesar湖的另一側，不到六十年前，整個小鎮才從如今被湖水淹沒的山谷中，遷移至山上重建。

沿著朝聖之路走，進入Portomarín前，必須走過一座跨越湖中的橋梁，這座橋長達數百公尺，而且湖面水量豐沛，當我站在橋頭，看著延伸至對岸的橋面時，很想懦弱地在路邊攔車，希望能搭車而過，可是老

朝聖之路沿途偶而會有朝聖者提供這類的補給站，有免費的食物和飲水，讓需要者自取。

天爺硬是不從我願，立在橋頭掙扎許久，就是沒有任何車子經過，只好鼓足勇氣踏上橋面，眼睛直視前方某個定點，絲毫不敢往旁邊或往下看，可是當走到橋中央時，懼高的症狀不自覺地出現，頭暈、腳麻、發軟，這時身旁的車道又突然出現好幾輛呼嘯而過的汽車，更增添掉下湖中的恐慌，雖然理智上知道自己是安全的，可是心理卻不受控制，不斷泛出恐懼和無力感，站在橋上恍若永無止盡般，終於抵達對岸之後，緊繃到極致的身軀頓時放鬆，隨後就是一陣痠疼虛脱，幸好當時前後都沒人經過，否則我還真不知該如何與人錯身讓路呢！

同樣住進Xunta的庇護所，這是進入Galicia自治區的第三間了，自治區政府的庇護所公定價格都是六歐元，還會附贈一套拋棄式的枕頭套和床罩，整體空間很注重乾淨和衛生。另外，來到Galicia，朝聖之路的公里數標誌，比起La Rioja更加頻繁地出現，每前進半公里就豎立一個，完全可以掌握前進的距離，從這些地方的維護和管理，可以看出每個自治區的經濟實力，及政府的治理效能。

今天晚餐又吃到José料理的義大利麵，這時大家都沒料到明天之後將會無預期的分開。因為煮的份量太多，我們邀請在Foncebadón碰過面的兩位先生Juan和他的朋友一起分享，他們是來自巴斯克王國的San Sebastian，San Sebastian是個擁有新月形海灘的美麗城市，更是頗負盛名的美食地，不只米其林星級餐館林立，這裡也烹飪出西班牙最好吃的pintxos料理，當然最重要的是這個城市保持著巴斯克文化的獨特風格。

DAY 23.

約 25公里

PORTOMARÍN ～～～～～～～～ PALAS de REÍ

呼喚著大家
不停向前走的聲音

2013.5.25　天氣晴
宿Xunta，6歐元

route

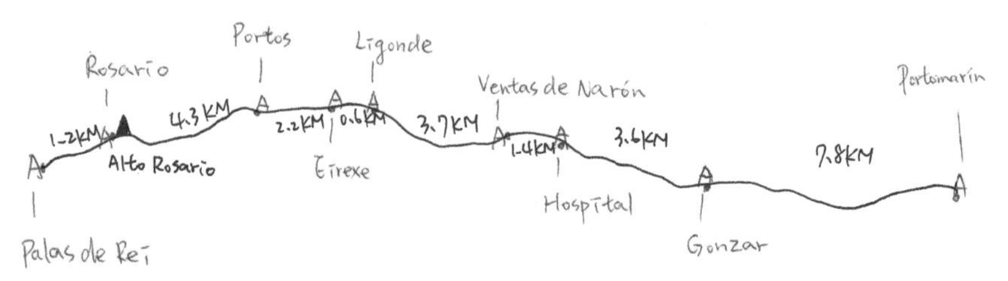

沿著朝聖之路往前走，早晨的氣溫極低，站在山坡上看著湖面及周遭霧濛濛的景象，簡直仙氣逼人，濃霧是超級典型的加利西亞氣候，從OCbreiro的早晨初見此景，每天都仍會讚嘆一番。沿著朝聖之路出城，雖仍要經過一座小橋，不過它是跨越在溪流之上，距離很短，在我還來不及害怕時就越過了。在濃霧森林中行走一陣子，都會有遇到精靈的錯覺，直到陽光灑遍大地之後，霧氣才逐漸散去。

今天經過的幾片林地，釋放著濃烈的木頭香氣，特別是尤加利樹林，在呼吸之間，令人心曠神怡，走起路來更覺輕鬆許多，尤其開始出現高大的蕨類植物，從這些植被明顯觀察出海洋性氣候的特性。而且從Calvor開始，農牧場形態又有些許變化，牛馬牲畜都圈地畜養，路面上不再有滿地的牛糞，乾淨清爽許多。每隔一小段距離，就會有庇護所、餐館和咖啡廳等處所提供歇息，但是朝聖者人數增加更多，庇護所的床位還是很早就客滿。

因為下坡時膝蓋仍持續作痛，所以前進的速度相當緩慢，頻頻停下歇息，只求膝蓋能夠安好，完全不敢逞強。而每次休息之後再上路，雙腳的痠痛無法言喻，總是需要走個數十分鐘，重新找到走路的節奏之後，疼痛才會獲得改善，就這樣週而復始的走走停停，僅能藉由美景忘卻疼痛，好不容易在下午兩點左右走到Palas de Reí的Xunta，雙腳已經不堪負荷，昨天果真太過勉強，導致今天的無力再往前行。

問了這裡的Xunta還有床位，就決定今天的進度到此，不敢再冒進。而昨天跟José他們約定的Mato-Casanova還在六公里外，眼下是無法遵守約定了。不巧的是，這裡的庇護所和附近的餐館都沒有WIFI可用，沒有辦法上網跟他們聯繫，雖然怕他們擔心，也只能順其自然。

坐在廣場曬著暖暖的陽光，可以喝杯小酒，順便寫一下日記，是每天走完路休息時，最舒服、最幸福的時光。當我正在享受這幸福時光時，遇到了來自巴斯克的Juan老先生，從他口中得知夥伴們有打電話拜託他，若在路上遇到我，請立刻回報我的行蹤，我才知道他們擔心我可能發生狀況。或許是過去八天來的經驗，縱使速度再怎麼慢，以我的體力應該可以完成預定的目標，因此讓他們以為我不會有問題。歸咎原因，也是我自己逞強了，這幾天幾乎拼盡全力地趕路，卻忽略了身體負荷太過。朝聖之路還是必須聽聽自己身體的聲音，否則一不小心可能就會有所損傷。

當電話那一頭傳來關心詢問的聲音時，讓我在朝聖之路上首次眼眶泛淚，心裡頭感覺暖暖的、酸酸的，因為從來沒有預期在這條路上，會得到這麼多的關心和照顧，以為自己將會是獨自前來、獨自行走，也會獨自歸去，可是這些人、

位在Sierra Ligonde的中世紀十字架，是相當有Galicia特色的石製十字架。

朝聖之路上經過的城鎮，都會豎立指引前進方向的朝聖者雕像。

這些事告訴我，這條充滿能量的道路不會讓你覺得孤單。隔天早上，我婉謝了兩位熱心老先生的好意，他們原本想陪我走一段路，以確定我的狀況沒有問題。不過，我已經決定最後這一段路程要自己一個人完成，或許這次的分途，意義就是如此。

我獨自一人時，每抵達一個庇護所，整理梳洗之後，非常喜歡隨意走走逛逛，雖然雙腳痠痛走不了多遠，但是無礙探訪所在之地，穿著拖鞋微跛地像觀光客般四處拍照，若是有陽光的日子，則會在繞境一遭之後，窩在小鎮或村莊的廣場來場日光浴。有同行夥伴的這幾天，多了聊天的對象，而少了不受羈絆的悠閒，雖然不捨和大家分開，卻開心著重新享受獨處的樂趣。

在這條路上，我結識了不少來自各國的朋友，微笑是最佳的溝通方式，而我那初級程度的英文和西班牙文會話能力，偶而還能派上用場充當翻譯，誰說出國旅行一定要外文流利，重點是在自信和勇氣，只要敢說、敢問，對人保持禮貌和笑容，彼此的溝通都不會是問題，而當你以友善對人，人家自然會以友善回應，這是我多年來旅行的心得。

令我驚訝的是，朝聖之路上相遇的朝聖者，似乎對亞洲都不陌生，大部份都知道台灣，也知道台灣的政治處境，當聽到我來自台灣時，大部份的態度相當友善、親切，有些人更主動詢問台灣的國家處境，與中國的關係等等，這一路上，我非常開心地做好國民外交，並且回答所有的問題。來自台灣的我，之所以會引發那麼多的好奇，我想是因為比起韓國人、日本人、菲律賓人、香港人，出現在朝聖之路上的台灣人無疑是稀少的，按照朝聖之路官方網站的統計，自2004年以來，每年完成朝聖之路的各國人數，直到過去兩年（2011和2012），台灣的朝聖者各有五十八人，也僅佔所有朝聖者的0.03%，何況在這之前的人數更是稀少。（當然經過這次親身的經驗，可能發生有人的國籍被登記為中國時，卻沒有要求修改的情形）

朝聖者至今多數仍以徒步的方式完成，只有一成多是透過騎單車、馬驢等工具完成，朝聖者必須在出發的庇護所辦理朝聖護照。選擇徒步的朝聖者，必須行走一百公里以上，選擇騎乘單車、馬驢等方式則至少要兩百公里以上，才能拿到聖地牙哥大教堂頒發的拉丁文證書。不管是選擇什麼方式完成，這路途中的美景、美食、和美酒，絕對會讓你疲累的身體得到紓解和安慰，透過文字和影像記錄，只能窺知一二，若想獲得全貌，必須親自來走這一遭，才能真正感受。

〈朝聖者之歌〉

我們每天都在行走

每天不停地走走走

是這條路日復一日地呼喚著我們

而那是孔波斯特拉的聲音……

DAY 24.

約 29公里

PALAS de REÍ ～～～～～～～～～～～～～ ARZÚA

從走路中找到心靈的自由之鑰

2013.5.26 天氣晴
Albergue Da Fonte，私人庇護所，12歐元

route 

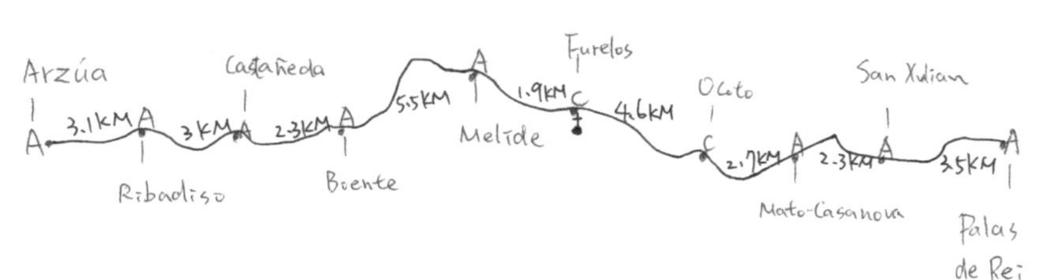

今天的膝蓋持續作痛，只能用極緩慢的速度前進，所以抵達Arzúa已經是下午四點左右，不只是公立的庇護所，其他幾間私人的庇護所也都住滿。在城裡找了一下，終於有一間私人庇護所還剩一個床位，當我登記完後，客滿的牌子就掛出去了。一床十二歐元，是住過的所有庇護所最貴的一間，每間都是四人房，我的室友是三位老先生，其中一位是古巴人，三位都不多話，梳洗完畢就分別出去覓食，直到門禁前才回來，也只是點頭打個招呼，就各自鑽進睡袋裡呼呼大睡了。

今天在路上遇到跟我同樣有腳傷狀況的Maria，她來自西班牙南部的Granada，是我最喜愛且熟悉的城市，Maria的情況顯然比我嚴重，尤其下坡時完全是龜速前進，兩位同病相憐的人，一人左腳、一人右腳，我笑稱我們倆可以玩兩人三腳的遊戲，可惜她聽不懂這個遊戲。一直走到Melide，她認為自己必須在這裡停留幾天，看狀況再決定是否繼續前進，很有可能會在這裡結束朝聖之路。依依不捨的道別後，卻不知老天爺已經悄悄地安排了下一次的驚喜重逢。

老天爺的驚喜不只一件，和Maria道別後，居然碰到已經五天不見的Pierre，讓我感到相當意外，原來他因為身體不適，所以前兩天都只走一小段路，這幾天為了追趕我們，每天都行走超過四十公里，彼此寒暄道別之後，看著這位身材高大的法國男生快速地消失在我眼前，這次就真的再見了。後來回到台灣，透過電子郵件的聯繫，知道他去了非洲的布吉納法索工作，他說在那裡認識許多台灣人，但不到半年的時間，因為身體健康出現問題，回到法國休養。

Melide是加利西亞章魚料理相當有名的城鎮，一進城裡，沿著朝聖之路走，兩旁都是賣章魚料理的餐館，今天正好碰到假日的傳統市集，攜來攘往的人潮和車潮，好像置身在台灣的傳統市場中，摩肩擦踵地好不熱鬧，擠在人群中差點迷失朝聖之路的方向，終於通過這熱鬧的市集後，朝聖之路又恢復了寧靜。

今天穿越許多的林地，綠色的芬多精洗滌了委靡的身軀，越過無數條清澈怡人的小溪流，傍著恬靜優雅的小村落，每每令人駐足徘徊留戀不已。

不管是荒野小徑、田間農路、還是山徑林道，甚至是人車並行的公路，朝聖之路每天都給予新的視野和新的能量。雖然尚未完成朝聖之路，上天卻已經給了我很棒的禮物，就像是在Foncebadón那三張紙牌所顯示的意義，要當國王還是乞丐、是全有還是全無，選擇權在自己手上，只要不怕挑戰和批評，走在自己選擇的道路上，老天爺都會賦予實現夢想的能力。

就在專心走路的過程中，我的心得到了自由，那些該過去的就讓他成為過去，不需要在意或執著，因為不管是繼續往前、另闢蹊徑或轉身回頭，都不會再遇見相同的風景，若是風景始終在變，又何必為難自己的變與不變。所以，走這一趟下來，到底有什麼不同，我想，應該是學會放開手，讓許多無謂的困擾與羈絆，一路隨風、隨雨、隨沿途那美麗的人和風景，一點一點的遠颺了。

因為正好遇到週日，Arzúa的街道冷冷清清，除了幾家咖啡餐館外，其餘都是大門深鎖，街上看不到幾個人。一個人來來回回獨自閑晃，沒有任何熟悉的面孔，之前遇上的幾個週日都沒有如此蕭瑟的感覺，第一個週日是走到Los Arcos，因為小鎮上的朝聖者多，餐館也開得多，且庇護所主人的態度熱情親切，所以沒有感受到冷清的氣氛；第二個週日，已經走到Burgos，這個朝聖之路上最大的城市，優雅、熱鬧的建築與人文景觀，令人目不暇給，自然沒有西班牙傳統週日的一貫冷清；第三個週日，雖處在山上的Foncebadón，可能是因為村莊非常小，住在此處的朝聖們都像家人般互動，而且這幾天多了同行夥伴，更不覺得孤單冷清了，今天第四個週日，因為腳痛拖延了速度，熟悉的人們都已經走到遠遠的前頭去了。

在小鎮上巡禮一番之後，找了一家可以免費上網的咖啡廳，點杯飲料開始上網報平安，這也是一個人在朝聖之路上，休息時打發漫長時間的娛樂之一。梳洗完畢換上拖鞋的雙腳，不適合走太遠的距離，那痠痛只有親身經歷的人才能體會，所以通常做完該地的瀏覽動作後，一定得找個地方坐下來休息，看是跟服務生聊天練西文、或是寫日記、整理照片，都是每天必做的功課。

第一天從潘普洛納出發後，曾連續四天，庇護所和用餐的地方正好都沒有提供免費wifi，無法上網報平安，心裡總是惦記著，這是獨自來走朝聖之路的最大罣礙，怕家人擔心。還好，往後的日子裡，只遇過三次無法順利上網，而且還不是在那幾個偏遠、人口稀少的村莊，那些村莊的小餐館，讓人意外竟有著順暢無比的網路環境。

自從智慧型手機當道，人手至少一機，而受惠於科技進步的趨勢，網路的快速便利，導致大家隨時隨地都要找到人、同時也要被找到，沒有等待和尋找的過程，最嚴重的是，無法即時和外界聯繫的恐慌焦慮。

這種身受數位科技影響的行為模式，在朝聖之路上，終於讓我自覺到所受制約之深，最明顯的是，坐在咖啡廳、餐館裡低頭滑手機的人，我必定是其中一個，也是少數的那一個，大部份的歐美人士，反而都只是悠閒地寫日記、喝酒聊天，享受不受科技產品影響的生活。我回想過去沒有智慧型手機的日子，每次出國旅行，從不曾焦慮著必須天天報平安，更不會擔心和外界聯繫的問題，何時開始被影響至此，不禁讓人思索許多，手機應該只是一種對外聯繫的工具而已，怎麼會顛倒過來，人反而成為被制約的科技奴隸。

當我能快速適應男女合宿、衛浴共用的團體生活，能放心自在的走在朝聖之路上，甚至在森林裡、在原野中行走許久，遇不著半個人，也能安然地享受鳥語花香、風聲林濤，這已經讓自己從既有的生活框架跳脫出來，許多無謂的疑慮和擔心，都不存在於我的朝聖之路中。就像許多朝聖者共同的感想，或許這真是一條充滿性靈的道路，當你抱持著正向、樂觀的心走進祂時，祂帶給你的自然是正向樂觀的氛圍。你看，就連一點的小騷擾，祂都安排了解圍的人；找不到住處，祂也安排了人來陪伴這段路；腳痛孤單行走時，祂也安排了同病相憐的人出現身邊，給你不放棄的勇氣和力量。所以，走在這路上，我又何須疑慮或擔心呢！

DAY 25.

約 19公里

ARZÚA 〜〜〜〜〜〜〜〜〜〜〜〜〜 OPEDROUZO

朝聖的最後一哩路

2013.5.27 上午天晴，下雨陰雨
宿Xunta，6歐元

route

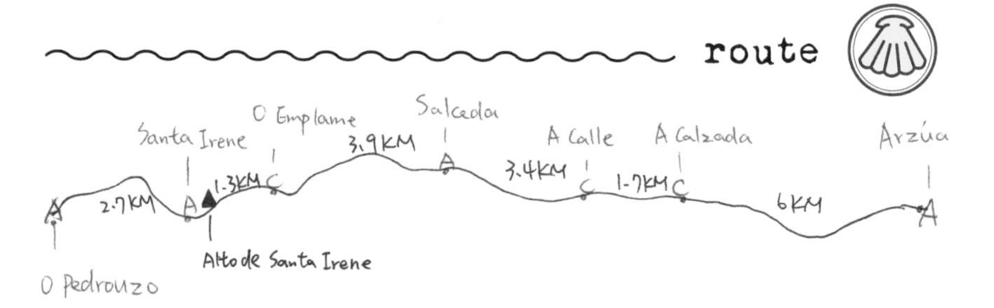

我的朝聖之路住宿的最後一間庇護所——OPedrouzo的Xunta。

早晨從Arzúa出發沒多久，就走進茂密的森林裡，周遭被濃霧籠罩著，這是多山多雨的Galicia常見的景色，隨著東方漸漸露出的陽光，濃霧才會慢慢散去。木頭的香氣更加濃郁，芬多精讓早起的腦袋清醒許多，這跟置身Castilla y León的森林時，感覺不同，除了林木更加翠綠、多樣以外，在這裡的森林裡，經常遇到朝聖者，想要一個人前進反而不可得，前後總是不時地有人出現，內急時想要閃身到樹林、草叢裡解決，都要再三觀察後方是否有人接近。

路上又遇到巴西阿公Eddy，雖然這幾天的庇護所都沒有遇到他，可是卻都能在路上相逢，也是相當奇妙的緣分，今天的話題比較嚴肅，談巴西多元的移民文化、社會與貧富差異，以及台灣的被殖民歷史、祖孫三代可能的不同史觀、以及國家處境，不過，千萬別以為我的語言能力很好，我只是盡力想讓外國人能夠認識、瞭解台灣，希望為自己的國家盡一份心力，聊著聊著，雙方都陷入了情緒的低潮，於是彼此再次道別，讓各自沈澱思緒和欣賞風景，這次分別後就沒再相遇了，又了結一段朝聖之路的緣分。有時會覺得，此行或許是為了結緣、也是解緣，透過這些過程，讓自己放下對人與情的強烈執著。

因為今天的路程不到二十公里，所以始終抱持著輕鬆的心情走路，說也奇怪，可能是沒有趕路的壓力，雙腳反而輕盈許多，除了下坡時，還會稍覺膝蓋的些微痛楚外，情況大致良好，身體和心理都沒有負擔，周遭的景致看來就更加美妙了。雖然三不五時會跟547號公路會合，不過因為路上的車輛非常稀少，且幾乎都在綠林小徑中行走，走起來相當舒適宜人。

下午一點不到就抵達OPedrouzo的Xunta，因為太早到的關係，必須在門口排隊等候，庇護所是下午兩點才開門，十幾位先抵達的朝聖者，三三兩兩地找地方坐下，或是發呆打盹、或是聊天打屁。雖然很多人選擇走到更接近聖地牙哥的地點，或是乾脆走進聖地牙哥城，不過選擇停留在此的人也不少，所以大家不想因為短暫地離開而佔不到床位。

登記好床位後，天空才開始飄起雨來，這是進入Galicia地區後，第一次體驗何謂多雨的典型氣候，過去幾天一路伴隨的好天氣結束了。在微微的細雨中，我坐在餐館裡點了一份牛排套餐，慰勞這些日子的辛苦，望著窗外的青翠山野，有點不敢相信朝聖之路即將完成，心裡隱隱有著不捨與留戀，那些高山流水、大城小鎮、高原盆地、森林荒野，已經成為記憶中最美好的長幅寫實風景畫。

說來真是人小志氣高，一副瘦小的身軀，平常不運動，行前也沒訓練，也不是有什麼宗教的使命，就這樣攜帶一整套新穎的裝備，獨自來到這裡，開始這漫長的征途，自己真的走過六百多公里？明天真的可以順利走進聖地牙哥城？腦袋裡冒出這樣的問號。因為前幾天的長途跋涉，反而比原本預計完成的時間提早了兩天。

翻開朝聖指南按圖索驥，看著指南上到聖地牙哥距離20.1公里的那一頁，對自己說：『是真的，距離聖地牙哥城只剩20公里了』，前面的六百多公里到底是如何完成的，印象突然模糊了，但這段時間裡，朝我伸出友善、關心的每雙手、每張臉孔，卻是逐漸清晰起來。有太多人總能輕易地認出我的臉孔、叫出我的名字，名字中間的「瓊」，成了朝聖之路上經常被叫喚的名字，無論是一個擁抱、一句鼓勵，或是一杯熱情的葡萄酒，都是帶給我安慰、給予我前進的力量，在朝聖之路上，我雖然是一個人，但我始終不孤單。

今天這間庇護所是此行住的最後一間，對過去的我而言，真難以想像這二十幾天來，竟可以跟一群陌生人，不分男女老幼，每天共宿一室，甚至還共用衛浴，這無疑是生活習慣的極大妥協與讓步。對我來說，過去不可能發生，未來也難以想像，或許只有此時此刻，在這朝聖之路上，才能心悅誠服地接受如此克難的方式，並且甘之如飴。

在走路過程中，全然地開放自己的眼睛、鼻子、耳朵、和心靈，感受和體會一路上的各種風景，這是人生中極為難得、獨特的饗宴。

DAY 26.

約 21公里

OPEDROUZO ～～～ SANTIAGO de COMPOSTELA

完成人生首次壯遊

2013.5.28 陰雨

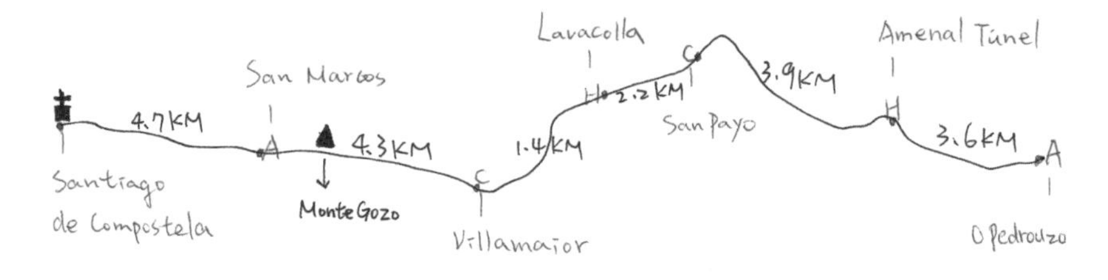

朝聖之路的最後一天，下過雨的空氣中彌漫著溼氣，穿越過一片蓊鬱的森林之後，沿著機場道路走，竟幸運地遇到兩位朝聖騎士，騎著白色駿馬迎面而來，多麼令人開心的相遇，簡直是要為我的朝聖之路寫下美好的完結篇。

途中天氣時晴時陰，一場來得快也去得快的驟雨，讓我的雨衣剛穿上不久又得脫掉，因為雨後的陽光炙熱。爬上聖地牙哥前的最後一座山坡Monte del Gozo，從這裡可以遠眺聖地牙哥大教堂，這時候，又突然下起磅礡大雨，大家慌忙地找尋避雨的地方。

這是朝聖之路上的另一個巧合，第一天從Pamplona出發時，濛濛細雨直落到十公里後方歇，隨後陽光乍現。而最後一天要進入聖地牙哥前，十公里路途之外，朗朗晴空下，陽光突然消褪，幾度風雨驟降，直至聖地牙哥城前，才得以風停雨停。前者像極天降甘霖為我此行祝福，後者似乎是藉風藉雨為我洗滌風塵。

聖地牙哥大教堂。

中午十二時四十分，終於穿過朝聖大門，雙腳踩在聖地牙哥大教堂廣場上，我的朝聖之路宣告結束，這時竟閃過一個念頭「我真是瘋了」，走了超過六百公里的朝聖之路，雖然並沒有走完全程，卻是我人生第一次真正的壯遊了。

坐在廣場迎著陽光，心中無疑是感動得、激動的，這一路上的點點滴滴在此刻全湧上心頭，宛如移動的聯合國般，來自世界各國的人們，懷抱著屬於自己的夢想或目的，不約而同走上這條路，有緣的陌生人如同好友般，可以聚在一起聊天喝酒、一起欣賞日出、一起坐看雲海，無緣的陌生人依舊會以友善、親切的態度，彼此加油打氣。這是多麼奇妙的緣份，只有走在這裡才能深刻而細膩的體會。

而早上出發時，就發現困擾多天的膝蓋和腳踝都不痛了，再度神奇地痊癒，讓我健健康康的走進聖地牙哥城，這或許真是上天的恩典，賜予我無數的幸運，讓我的旅程可以無災無恙地完滿結束，怎能不感恩、又怎能不感謝！所謂知足、常樂、惜緣、惜福，道理說來很簡單，要做到卻是不容易，這趟路走完，我想自己已經能夠實踐它們。

朝聖之路的另一個收穫，就是調整了我懶散的作息。每天早上六點起床，晚上十點睡覺。早餐固定一杯咖啡牛奶、一塊塗滿奶油的麵包或烤土司、一杯鮮榨柳橙汁。背包裡一定有1500ml的水、一包巧克力餅乾和兩根香蕉，提供路上水分和熱量的補充，也有止飢、止渴的重要功能。而香蕉除了可以止飢外，最重要的是預防抽筋，可能真是如此，我的朝聖之路除了沒有起水泡外，也真的沒有抽筋。將近一個月下來，體力變好、精神飽滿、心情愉悅，用微笑克服最艱鉅的上山、下坡、用樂觀趕跑身體的疲累、酸痛，不以辛苦而自苦，而以享受吃苦而自豪。

來到朝聖辦公室，排隊等待領取朝聖證書，當我向工作人員遞上蓋滿各地印記的朝聖護照時，心中充滿著驕傲，拉丁文書寫的朝聖證書，最後一段的意思大概是這樣：「某某某秉持著虔誠之心，前來朝拜本聖所，特頒此朝聖證書，並蓋上本聖所的戳印，以資證明。主曆2013年5月28日。」

拿到證書後，輕鬆愉悅地走出辦公室，外頭排隊的人潮已經大爆滿，當經過好幾個呼喚我的朝聖者時，頓時覺得自己應該要慚愧，因為沒有一位我認得出來，他們當然也明顯得看出我的茫然，主動告知我們是同住哪個庇護所，或是在哪間餐館一起用餐，都只是一面之緣的朋友，卻能正確的記住我這渺小的人，實在非常感謝。

這時我想到有此一說：「抵達聖地牙哥，每個朝聖者得到的接待都不相同，但都會得到他應有的對待。」我想那什麼會是我應有的對待？謎底在隔天中午去大教堂彌撒之後揭曉，我親身體驗了聖地牙哥給了我什麼樣的對待。

今天抵達時已經過了中午十二點的朝聖者彌撒，只好等待明天再去。為了讓疲累的身體得到充份的休息，順便犒賞自己一下，昨天已經預訂了此行最豪華的住宿地點，是一間位在朝聖辦公室旁的古蹟旅館。到旅館卸下一身的裝備，穿著拖鞋出門吃飯，走在這個北部的觀光大城，感覺似乎不該穿著邋塌的逛大街，所以吃完飯後，就繞去服飾店，挑了一套衣服和一雙便鞋，腦海中同時閃過一個瘋狂的念頭，打算將那些登山健行的裝備先寄回家，讓自己輕鬆地遊玩幾天。

擁有許多鮮美食物的聖地牙哥，美食和美酒是必備的享受，但也是昂貴的享受，每間海鮮餐廳動輒幾十歐元以上的料理，我完全吃不起，只能去pintxos店打打牙祭，不過連這裡的消費都比其他城市高，一份僅能塞牙縫的新鮮串蝦或是干貝，還是烤牛肉，就要四五歐元，荷包損失慘重！

未竟之旅……

未竟之

感謝聖地牙哥給予的珍貴對待

完成朝聖之路後，心中除了歡喜也有空虛，當你很長一段時間，全心全意地只做一件事情，結束之後，一定會有落寞的空虛感。抵達聖地牙哥後，迎接第一天早晨，我就是這樣的感覺，不再需要早起、不用整理背包、不用趕著上路，突然變成無所事事。

因為抵達聖地牙哥當天，彌撒已經開始，只好隔天再去。彌撒中午十二點開始，每天抵達的朝聖者非常多，所以必須早點進去才有位子坐，就跟庇護所的床位一樣，畢竟晚來的鳥兒沒蟲吃，但是早起的蟲兒被鳥吃，如何能知道自己是被鳥吃的蟲還是吃蟲的鳥？不懂這太深奧的生存法則。

我提早了一個小時進去大教堂，先繞到禮拜座後方，爬到聖雅各之墓上，擁抱親吻聖雅各先生的金色雕像，感謝祂的祝福和賜予。彌撒開始，整座教堂擠滿著來自各地的朝聖者，聽完所有的祝禱詞後，我還是聽不出有沒有念到台灣，熏香祈福儀式是彌撒的最終祝福，大教堂的禮拜座前，那座繫在長繩上，從頂棚直垂而下的巨大香爐，教士們手拉扯著繩子，讓香爐開始左右晃動，晃過整個大廳直達天花板，在煙霧繚繞中，肅穆的氛圍澄淨人心，我內心虔誠地希望所有人平安健康。

離開聖地牙哥的前一晚，天氣有點回溫，在晚餐時遇到一對來自La Mancha的夫妻，是從León騎單車來的，他們說騎車非常辛苦，不過是很值得的經驗，從朝聖者辦公室的官方紀錄就可以了解，每年有八成多的人選擇徒步方式，騎單者的人都只維持在一成多。他們更熱心的告訴我，大教堂後的Quintana廣場有根石柱，在夜晚燈光照射時，投射在牆面上的影子，就像是古代的朝聖者，甚至帶我到現場去尋找那尊影子朝聖者，直到朝聖之路結束，我還是不斷地遇著這些友善之人。

待在聖地牙哥三個晚上，每天總會去大教堂附近看看，雖然知道應該遇不到José和Maria這些朋友，可是心裡總是期待著有緣再見。不過，到第三天已經放棄，認定他們已經不在這座城市裡，心裡難免有些失落。沒想到，不可思議的事情居然在我離開的當天發生，也就是我到聖地牙哥的第四天。

當天早上突然一個念頭，我改變了逛街的路線，找到一家小小的咖啡館，也因此拖延了離開飯店的時間，最後要往火車站移動時，距離開往馬德里的火車時間還有三個多小時，隨意繞進一條沒有走過的小路，令人驚喜地，這是一條有劇場、畫廊的藝術街。中午時分，整條街道只有我一個人，就在此時，我似乎聽到有人從背後呼叫我，一回頭，完全令我傻眼，居然是José和Maria同時出現在我眼前，無法置信真的會遇到他們。「難道這就是聖地牙哥給予我的珍貴禮物」，內心不禁浮起這個念頭。

夜晚的聖地牙哥大教堂。

一問之下才知道，José原本抵達聖地牙哥之後就要回馬德里，這也是我知道的事情，不過他後來決定再走到海邊，站在海之角、天之涯，象徵性的燒掉一雙襪子，才正式完成他的朝聖之路，今天早上才搭車回到聖地牙哥。許多朝聖者都會如此，抵達聖地牙哥後，會再走八十幾公里到海邊的Finisterre，在那裡燒掉一件隨身物品，代表著燒掉過去的不順遂、不如意。而且我們竟然搭同一班列車回馬德里，實在太巧。回到馬德里後，José還邀請我去他親戚開的餐館，回味那些道地的馬德里家庭料理。

大教堂中午十二點為朝聖者舉辦的彌撒儀式。

大教堂後Quintana廣場角落的石柱，當燈光照射在牆面上的影子，就像是一尊古代朝聖者。

而Maria則是在Melide遇到我之後，改變了想法，她決定繼續完成朝聖之路，確定意志後，膝蓋的疼痛竟然跟我一樣神奇地消退了，今天才抵達聖地牙哥。當我回到台灣後，瑪利亞寫了一封信給我，信裡提到當膝蓋狀況很不好時，她原本已經打算要放棄，正巧遇到承受同樣痛苦的我，對她來說，這是一個美妙的契機，因為看到我的不放棄，給予她繼續往前走的力量，讓她能夠完成朝聖之路。

他們兩個人剛在大教堂前相逢，正要去找個餐館吃飯，不意竟會在路上在與我相遇，當他們看到我的簡單行李時，一致覺得我太瘋狂了，

▍宛如中古世紀城市的歷史街道，是聖地牙哥的迷人之處。

其實我自己也是這麼認為。不過，三個人可以在聖地牙哥的街頭重逢，還有什麼事情會比這個更令人瘋狂。

朝聖之路這條路，從開始到結束，每個人都有自己獨特的過程與感受。無關迷信或宗教，我只能說祂的確是條充滿性靈的道路，當你開始踏上這條路，祂會引領你、成全你。今天，這個意外是真的成全了我，讓我的朝聖之路不留下遺憾。

大家都說欽佩我的勇敢、羨慕我的幸福，其實，我只是在有限的能力內，不想讓生命留下太多的空白和遺憾，在人生的每個階段，忠於自己所選擇的、少去羨慕別人擁有的，不要在意實現夢想必須付出的代價，就能透過行動獲得想要的幸福。選擇做自己、自己做選擇，如此而已。

未來，我將往何處走，其實自己也不確定，但人生不就是如此隨時會遇到叉路、也偶而會迷失方向，就像走在朝聖之路上，當妳站在分叉路時，在轉腳處、在草叢間、在石牆下、在某個不經意的角落裡，有時聆聽內心裡的聲音，總會出現那個指引妳方向的指標，讓妳確定自己的方向，盈滿持續前進的力量。

¡Buen Camino~! 再見我的朝聖之路。

我的朝聖護照、扇貝以及拉丁文書寫的朝聖證書。

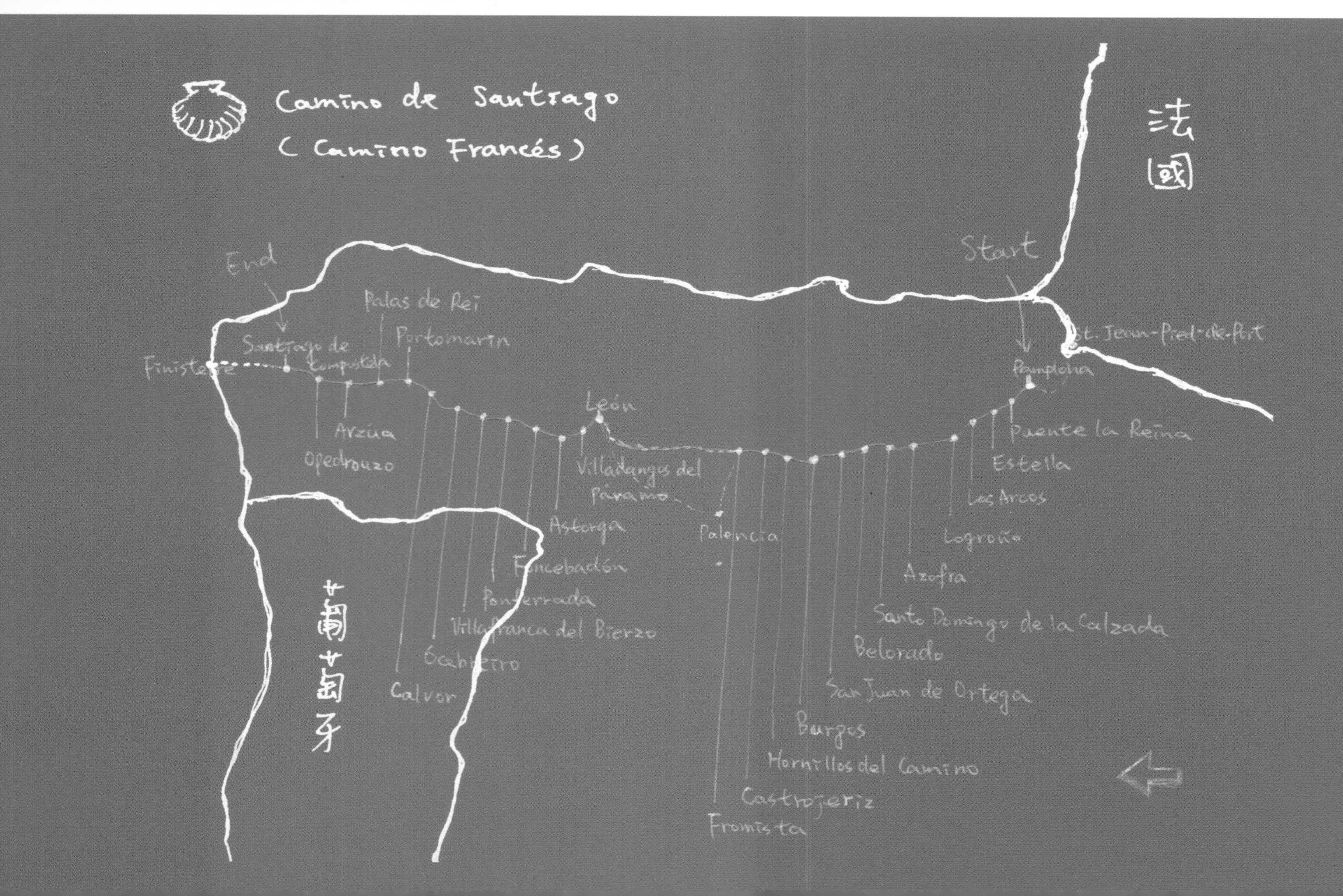
Camino de Santiago
(Camino Francés)
法國
葡萄牙
Start
End
St. Jean-Pied-de-Port
Pamplona
Puente la Reina
Estella
Los Arcos
Logroño
Azofra
Santo Domingo de la Calzada
Belorado
San Juan de Ortega
Burgos
Hornillos del Camino
Castrojeriz
Fromista
Palencia
Villadangos del Páramo
León
Astorga
Foncebadón
Ponferrada
Villafranca del Bierzo
Ócabreiro
Calvor
Portomarin
Palas de Rei
Arzúa
Opedrouzo
Santiago de Compostela
Finisterre

釀旅人20　PE0089

一個人的朝聖之路
——28天徒步慢遊西班牙

作　　者　羅瓊雅
責任編輯　鄭伊庭
圖文排版　蔡瑋筠
封面設計　蔡瑋筠

出版策劃　釀出版
製作發行　秀威資訊科技股份有限公司
114 台北市內湖區瑞光路76巷65號1樓
電話：+886-2-2796-3638　傳真：+886-2-2796-1377
服務信箱：service@showwe.com.tw
http://www.showwe.com.tw
郵政劃撥　19563868　戶名：秀威資訊科技股份有限公司
展售門市　國家書店【松江門市】
104 台北市中山區松江路209號1樓
電話：+886-2-2518-0207　傳真：+886-2-2518-0778
網路訂購　秀威網路書店：http://www.bodbooks.com.tw
國家網路書店：http://www.govbooks.com.tw
法律顧問　毛國樑　律師
總 經 銷　聯合發行股份有限公司
231新北市新店區寶橋路235巷6弄6號4F
電話：+886-2-2917-8022　傳真：+886-2-2915-6275

出版日期　2015年12月　BOD一版
2019年2月　BOD二版
定　　價　320元

Printed in Taiwan

國家圖書館出版品預行編目

一個人的朝聖之路：28天徒步慢遊西班牙 / 羅瓊雅著
一版. -- 臺北市：釀出版, 2015.12
面； 公分. --（釀旅人 ; PE0089）
BOD版
ISBN 978-986-445-061-9（平裝）
1.自助旅行 2.西班牙

746.19 104020108

讀者回函卡

感謝您購買本書，為提升服務品質，請填妥以下資料，將讀者回函卡直接寄回或傳真本公司，收到您的寶貴意見後，我們會收藏記錄及檢討，謝謝！

如您需要了解本公司最新出版書目、購書優惠或企劃活動，歡迎您上網查詢或下載相關資料：http:// www.showwe.com.tw

您購買的書名：＿＿＿＿＿＿＿＿＿＿＿＿＿＿＿＿＿＿＿＿

出生日期：＿＿＿＿年＿＿＿＿月＿＿＿＿日

學歷：□高中（含）以下　□大專　□研究所（含）以上

職業：□製造業　□金融業　□資訊業　□軍警　□傳播業　□自由業

□服務業　□公務員　□教職　□學生　□家管　□其它＿＿＿

購書地點：□網路書店　□實體書店　□書展　□郵購　□贈閱　□其他

您從何得知本書的消息？

□網路書店　□實體書店　□網路搜尋　□電子報　□書訊　□雜誌

□傳播媒體　□親友推薦　□網站推薦　□部落格　□其他＿＿＿＿＿

您對本書的評價：（請填代號　1.非常滿意　2.滿意　3.尚可　4.再改進）

封面設計＿＿　版面編排＿＿　內容＿＿　文／譯筆＿＿　價格＿＿

讀完書後您覺得：

□很有收穫　□有收穫　□收穫不多　□沒收穫

對我們的建議：＿＿＿＿＿＿＿＿＿＿＿＿＿＿＿＿＿＿＿＿

＿＿＿＿＿＿＿＿＿＿＿＿＿＿＿＿＿＿＿＿＿＿＿＿

＿＿＿＿＿＿＿＿＿＿＿＿＿＿＿＿＿＿＿＿＿＿＿＿

＿＿＿＿＿＿＿＿＿＿＿＿＿＿＿＿＿＿＿＿＿＿＿＿

請貼
郵票

11466
台北市內湖區瑞光路 76 巷 65 號 1 樓
秀威資訊科技股份有限公司 收
BOD 數位出版事業部

（請沿線對折寄回，謝謝！）

姓　　名：＿＿＿＿＿＿＿　年齡：＿＿＿＿　性別：□女　□男

郵遞區號：□□□□□

地　　址：＿＿＿＿＿＿＿＿＿＿＿＿＿＿＿＿

聯絡電話：(日)＿＿＿＿＿＿＿＿＿(夜)＿＿＿＿＿＿＿＿＿

E-mail：＿＿＿＿＿＿＿＿＿＿＿＿＿＿＿＿